自分から／どんどん／勉強する子になる方法

杉渕鐵良

すばる舎

はじめに

私は公立小学校で、30年以上教師をしています。

1000人近くを担任しました。都内のあちこちに赴任しましたが、その多くがあまり学力の高くない学校でした。つまり、子どもたちはそもそも勉強に熱心ではないということです。

けれども、だからこそ、やりがいがあります。

子どもたちの氣持ちを、どうやって勉強に向かわせるか。勉強を好きにさせるか。勉強が楽しいと思わせるか……。

教師として、非常に燃えるところです。

子どもたちをやる氣にさせる、あらゆる方法を考えてきました。

百ます計算をアレンジした「10マス計算」や、漢字で遊ぶ「漢字パドル」……。教材を開発し、授業で実践して成果を上げています。

子どもを飽きさせないために、10分単位で授業内容を変える「ユニット授業」も考案しました。若手の先生たちからも支持を受け、「ユニット授業研究会」（略してユニプロ）を作り、みなで切磋琢磨しています。

本書は、そうした私の現場での取り組みを家庭向けにアレンジし、親御さん方に役立てていただけるよう書いたものです。

学校でも家庭でも、子どものやる氣スイッチが入るときは同じです。

これまで勉強に無関心、いつもイヤイヤだった子が、驚くほど集中して机に向かう瞬間があります。目の色が変わります。

「もっとやりたい！」と自分からどんどんレベルアップし、成績も伸びていきます。

本書の内容を実践していただければ、みなさんのお子さんにも、そうした劇的な変化がきっと起こるでしょう。

なにより、みなさんは私が決してかなわないものを持っています。それは、子どもに対する愛情です。

子どもの学力を伸ばすのは、結局はその子にどれだけ深く関わり、きめ細かくケアするかなのです。どれだけ時間をかけるかです。あらゆる方法論も、これが大前提にあって、はじめて成り立ちます。

もちろん私も一人ひとりに愛情をもって接していますが、30人を一度に受け持つ以上、どうしても限界があります。

その点、親御さんは誰よりも子どもの性格や能力をよく理解しています。マンツーマンで愛をもって対応できます。

その子を毎日見ている親だからこそ、子どもの「伸び」に気づきます。

子どもの毎日の生活を見て、微妙な変化に氣づくこともできる。

小さい伸びでも「スゴイね！」と、その都度ほめることができる。

子どもが疲れているときは「今日◯◯で疲れているから、勉強時間は短くていいかな」と、その子に合わせて調整できる……。

子どものペースで、子どもの気持ちに寄り添って、愛をもって勉強に付き合う。

子どもの一番の、共感できるサポーターでいる。
そんな親御さんが、勉強を楽しくする方法を実践したら、最強でしょう。

本書によって、一人でも多くの子どもが勉強の楽しさに目覚め、ぐんぐん伸びていくことを願ってやみません。

最後になりますが、ユニット授業研究会のメンバーにもご協力いただきました。この場をお借りしてお礼申し上げます。どうもありがとう。

杉渕鐵良

目次

第2章

勉強嫌いでもたった2週間で学習習慣がつく！

第3章 1日1分から始める家庭楽習

第4章 毎日の生活に「勉強のタネ」はたくさんある

第5章　この先ずっと自分から勉強する子でいるために

装丁・本文デザイン…細山田デザイン事務所
本文イラスト…ゼリービーンズ
編集協力…童夢

※P127～131のドリルの出典
『くりかえし計算ドリル 3年1学期』
『くりかえし漢字ドリル 3年1学期』
（日本標準）

第1章

「勉強しなさい」で勉強する子はいません

うちの子、全然勉強しません！宿題もなかなかやらない…

大丈夫、必ず勉強する子になります

「うちの子、勉強が嫌いで」「自分から全然勉強しようとしないんです」……そんな悩みを多くの親御さんから受けます。

学校の授業の予習復習は全然しない。当然、授業の理解度も低く、成績はあまり良くない。ドリルなどを買ってみても、いつも三日坊主。

宿題すらちゃんとやらない。こちらがガミガミ言って、ようやくこなしている状態。

もう少し勉強を好きになってほしい。何も言われなくても、自分から勉強するようになってほしい。せめて宿題くらいは、自発的にするようになってほしい……。

「どうしたら、自分からどんどん勉強するようになるのか？」

本書はその親御さんの悩みに応える本です。その方法を具体的にお伝えしたいと思います。

その前にまずお願いしたいことがあります。

わが子は「勉強ができない」「勉強が苦手」という決めつけは、しないでいただきたいのです。

成績下位から大変身して私立中に行った子も

私は自分の授業でいろいろなことを実践してきました。

「ひとりも落ちこぼれを出さない」というのが私の教育方針です。

どの子もみんな勉強する子に変わっていきます。

親御さんも最初は否定的だったり、懐疑的だったりしますが、子どもがどんどん勉強するようになるので喜びます。成績が下の方だったのに、ぐんぐん伸びて最終的に名門私立中学に進学した子もいます。

勉強するようになるまで、時間がかかる子はいますが、勉強ができないまま、という子はいません。

計算・算数が大嫌いだった子が「もっと問題やりたい!」と計算が大好きになる。100問の計算を、2ヵ月もすると2分でできるようになる。3ヵ月で1分30秒、4ヵ月で1分10秒……と、計算のスピードもぐんぐん上がっていきます。九九も覚え方のコツを教えれば、苦手だった子がスラスラ問題を解いていく。

漢字も同じ。教え方を工夫すると、子どもたちは漢字ドリルを2日で終わらせてしまいます。

あるお母さんから「この子は本当に勉強ができないんです」と相談を受けました。

当時、2年生に進級したばかりのDくん。たしかに、1年生の成績は芳しくないものでした。テストもいつも20点や30点。お母さんによると、宿題も出せていなかったとのことでした。

Dくん自身、勉強に対してまったくやる氣が見られませんでした。親も本人も1年生のときの経験から、勉強ができるわけがないと思い込んでいたのです。

でも私が見る限り、Ｄくんの能力が低いとは決して思いませんでした。

●１０００人近くを担任した経験から

私の授業を受け始めて１ヵ月ほどたつと、Ｄくんも少しずつ心を開いて、勉強にも取り組むようになりました。他の子どもと同様に、10マス計算（後で解説します）や音読を真剣にやるようになり、６月には何も言わないのに、自分から宿題を提出したのです。

そして、ついにテストで１００点！

生まれて初めての１００点です。

喜んだお母さんは、冷蔵庫にその１００点のテストを貼りました。

その他にもうれしい変化がいろいろありました。Ｄくんは本を読むのが苦手でしたが、スラスラ音読するようになったのです。まったく書かなかった作文も書くようになりました。

お母さんはＤくんが勉強できないなどとは、もう言わなくなりました。

勉強しないから「うちの子は勉強が嫌いで……」という親御さんはたくさんいますが、それは違います。

「うちの子は能力が低いのかしら?」なんて思うのもナンセンス。

そんなふうに決めつけては、子どもがかわいそうです。

どんな子も、必ず勉強が好きになります。得意になります。30年以上教師をやっている私が言うのだから、本当です。

まずはお子さんを信じてください。

「勉強ができないのは遺伝だ」と言う人もいますが、それもまったく関係ありません。

今まで1000人近くを担任しましたが、遺伝が原因で勉強ができないと思われる例はありませんでした。

子どもは誰でも伸びる力を持っています。

「できない(と思われている)子」は、「伸びしろが大きい子」ということです。

だから、大人の心がけ次第で、これからどんどん伸びていきます。

「勉強しなさい」「宿題しなさい」は一番効果のない言葉

叱られてもやる氣をなくすだけ

なかなか勉強しようとしない子どもに向かって、親御さんは「勉強しなさい」「宿題しなさい」と言います。

けれども、そう言って子どもがすぐに「はい、やります」と動くことは少ないでしょう。「はーい」と返事をするだけで、いっこうにやろうとしない。ついには「いいかげんにしなさい！」と叱りつけ、ようやく重い腰を上げる……。

そんなやり取りが毎日続けられます。いいかげん疲れますね。

「勉強しなさい」「宿題しなさい」が口ぐせのようになっています。

親御さんは子どものためを思って、口うるさく言います。宿題をしないと子どもが困るから、「宿題しなさい」と言うのです。子どもの将来の幸せを願うから、「勉強しなさい」と言うのです。

叱りたくて叱っている親はいません。

でも、残念ながら「勉強しなさい」「宿題しなさい」は、まったく意味のない言葉なのです。意味がないどころか、子どもがますます勉強する氣がなくなる、逆効果の言葉です。

「○○しなさい」と強制されて、楽しい氣持ちになる人はいません。大人も子どもも同じです。**叱られて勉強しても、イヤイヤするだけで、ちっとも身につかないのです。**

私の授業では、叱りつけて勉強させることはありません。無理強いもしません。

でも子どもたちは嬉々として、10マス計算や音読に取り組みます。

子どもたちは勉強が嫌いなのではありません。自分の意思を無視してやらされるから、勉強にマイナスイメージを持つのです。

◆どうせ効かないなら禁句にしよう

意味のない声かけ

あるお母さんから、こんな話を聞きました。

「子どもに『勉強しなさい』とか、『宿題しなさい』と言ったことは一度もないんですが、あるとき子どもに『ママはいつも宿題しなさいって言う！』とキレられて、驚きました。『宿題は？』と聞いていただけだったのに……」

子どもは親の心を察します。

「宿題は？」という言葉の裏にある「宿題しなさい」という親の心を読み取ります。

だから、子どもにとって「宿題は？」は、「宿題しなさい」と叱っているのと同義になってしまうのです。

叱ることで、子どもを動かそうとしても、決してうまくいきません。

子どもは心に安定感がないと、勉強に氣持ちが向かないのです。

叱られてばかりの子は自分に自信をなくし、ますます勉強しなくなります。

だから、私はめったに子どもを叱りません。叱るとしても、子どもとしっかり信頼関係が築けてからです。

この人からは、いつ叱られるかわからない。ダメな自分を否定される。自分を理解してもらえない……。子どもが担任に対してそう思ってしまうと、心が不安定になり、勉強どころではありません。

新しいクラスを担任したとき、私が最優先事項にしているのは、子どもたちと信頼関係を築くことです。

「先生は私のことをわかってくれている」

「先生は僕を信じてくれている」

そう思うことができれば、仮に今は成績が良くない子も、「頑張ってみよう」と前向きな氣持ちになれます。

ありのままの自分を否定されないから、安心するのです。

親と子の関係も同じです。親子なんだから、信頼関係があって当たり前と思うでしょうか。そんなことはないのです。

最近では、仕事をしながら子育てをしているお母さんも多いので、本当にエライと思います。どのお母さんもよくやっています。頑張っています。

しかし、ときに勉強や宿題を氣にかけるあまり、子どもとの信頼関係を作ることに意識が向いていない、あるいは氣が回っていないことがあります。つい、叱ることで手っ取り早く子どもを動かそうとしてしまいます。

信頼関係の基本は押しつけないこと、待つことです。

まずは「勉強しなさい」「宿題しなさい」を禁句にしましょう。どうせ効果がないのですから。そのかわりに、子どもがたちまち勉強する氣になる魔法の言葉を、後ほどお教えします。

勉強しない理由は単純。「楽しくない」から

テレビやゲームには夢中になるのに…

子どもたちはテレビやゲームはいくらでもやっています。「やめなさい」と言ってもやめません。夢中になります。それはテレビやゲームが、ものすごく楽しいから。

ではなぜ勉強しないのでしょうか？　それは勉強が楽しくないからです。

楽しくないことを、子どもは一生懸命やりません。

そのかわり、楽しければいくらでもやります。やり続けます。

多くの子どもたちには「勉強＝楽しくない」という観念が植えつけられています。

勉強を楽しくないと思う理由は、前にも書きましたが、強制されるから。間違えると叱られるから。いろいろあります。

さらに言えば、勉強そのものにテレビやゲームを上回る魅力がないこともあります。テレビやゲームはとことん楽しさを追求して作られています。大人の私がゲームをしても楽しいです。そうしたものに慣れている子どもたちが、勉強に魅力を感じないのも至極当然です。

本当は、勉強はとても楽しいものです。知らないことを知る楽しさ、できなかったことができるようになる楽しさ……。勉強の本当の楽しさに目覚めれば、テレビやゲームよりはるかに吸引力のあるものになります。

ただ、その段階に行き着くまでには、少々距離があります。テレビやゲームのような「わかりやすい」楽しさを提供することで、まずは子どもに勉強の世界に足を踏み入れてもらうのが肝心です。

勉強をゲーム化する「楽習」のススメ

私はこれまで、勉強がおもしろくなるよう、あらゆる工夫をしてきました。子どもが楽しいと思うことなら、何でもやります。妖怪ウォッチの「ようかい体操第一」を体育に取り入れたり、かつて遊戯王が流行ったときはカードで計算遊びをしたり。あるいは社会科の授業では、教科書を開くかわりに地図記号カルタをみんなでやったりします。

こうした試みを、学習ならぬ**「楽習」**と呼んでいます。

小学校の授業は1コマ45分ですが、45分はなかなか長い時間です。ただでさえ集中力が続かない子どもたちにとって、「早く終わらないかな……」と感じる授業は、苦痛以外のなにものでもありません。

子どもが「つまらない」「おもしろくない」と思う勉強は、「我苦習」です。「楽習」になれば、45分なんてあっという間です。

勉強とは、真面目に、正しく、教科書通りにするべきものと思っていませんか？

勉強が楽しくなり、好きになり、したくなる。その目的が達成できれば、方法は何でもいいのです。

たとえば、**子どもの好きなことをきっかけに、勉強の入り口を広げていけば、おもしろいと興味を持ってくれます。**

楽しければ、勉強の入り口は何でもいい

子どもはやる氣をなくす

子どもの興味から入れば、がぜんやる氣に

野球が好きな子なら野球になぞらえて、「計算を繰り返してやるのは素振りと同じ。素振りを1回しかやらないなんてことはないでしょ？　計算も同じで、何回もやってはじめて身につくんだよ」。

好きなゲームやキャラクターから話を広げることもできます。「妖怪ウォッチの妖怪って字は、どっちもあやしいって読むんだ」なんて話したら、子どもは「じゃあ、ガンソって漢字でどう書くの？」と興味を持って、くいついてきます。

聞いてきたときが覚えるチャンスです。自分から知りたいと思ったことを子どもは覚えます。

こんなふうに勉強も、好きなことから始めていけば、テレビやゲームのように自然と氣持ちが向いていくのです。

「勉強しなさい」とひと言も言っていないのに、「勉強してほしい」という願望がかなってしまうのです。

●「伸びている」実感でどんどん楽しく

「どうして宿題しなきゃいけないの？」

「なんで勉強しなくちゃいけないの？」

そんなふうに子どもが言ってくることがあります。私も生徒に言われることがあります。

真面目に取り合う必要はありません。これはやりたくないときの言い訳です。そんなとき私は「神様のお告げだ」とか「ご先祖様の遺言で、この巻き物に書いてあるから」なんて答えてかわしています。

子どもたちは、まともな答えがほしいわけではないのです。勉強が楽しかったら、こんなことは聞いてこないはずですから。**「なんでゲームしなきゃいけないの？」と聞く子はいませんよね。**

私の授業を受けている子たちは、楽しいからどんどん勉強します。

同じことや繰り返しの勉強も、やり方を工夫してやるので、文句なくやり続けます。

続けていると、自分に力がついてくるのを実感します。

そうすると、できるようになるためには反復練習が必要なんだな、ということが理屈ではなく体感としてわかってくる。勉強することの必要性がわかると、「どうしてやらなきゃいけないの?」なんて、言わなくなります。

同じテストを続けてやったり、漢字を繰り返し書く練習も嫌がらなくなるのです。勉強の本当の楽しさに目覚めたということです。

「前より伸びている」という実感こそ、やる氣のもとになるのです。そうなったら、あとは自分からどんどん勉強するようになります。

そこまで持っていくのが「楽習」です。

宿題は一応こなしていても、成績が上がらないのは…

集中していない。だから身につかない

宿題は毎日きっちりこなしているけれども、全然成績が上がらないという話もよく聞きます。

「宿題は勉強の基本」と思っている真面目な親御さんほど、「どうして？」「ちゃんとするべきことをしているのに」と悩みます。

けれども、残念ながら**「宿題をしていれば大丈夫」というのは幻想**です。

勉強したことが定着するかどうか。それは、「どれくらい集中したか」「心をこめたか」で決まります。

ほとんどの子どもたちは、「やりなさい」「しなくちゃダメよ」と親や教師に言われ

ているから、怒られるから仕方なくやっています。イヤイヤやっています。心をこめてもいないし、集中もしていません。

ただ「やればいいんでしょ」というその場しのぎの勉強は、いくらやっても身につきません。一夜漬けのテスト勉強と同じです。終わったら忘れてしまいます。

勉強は、やらされているうちは成績は伸びません。自分から「知りたい」「やりたい」と思ってしないと、時間をかけても、量をこなしても意味がありません。

自分の力になると思って楽しんでやるのと、とりあえずその場しのぎでやるのとでは、同じ「やる」でも結果はぜんぜん違います。

アレンジ次第で宿題も良い教材に

私自身は、はっきり言って宿題なんてなくてもいいと思っています。授業をしっかりやって、内容が身についていれば必要ないものです。

最近は、授業時間内にできなかったことを、宿題でやらせようという傾向があります。でも、授業がわからなくて、授業時間内にできなかった子が、家で続きができるでしょうか？　わからないのに強制されるから、ますます宿題がイヤになります。
だったら「この1題だけやろう！」と1題だけ楽しくやって、残りは親がやってあげてもいいと思います。そうすれば少なくともその1題だけは、子どもの腑に落ちるはずです。子どもの力になっていきます。

ここだけの話、私は娘の宿題を何度もやってあげました。イヤイヤやって勉強嫌いになるくらいなら、親がやってあげた方がよっぽどいい。

学校教師がこんなことを言うのは暴論に聞こえるかもしれませんが、現場にいるからこその本音です。

「宿題は勉強を習慣づけるため」とも言われます。たしかに勉強の習慣をつけることは大切なことです。でも習慣づけるためにイヤイヤ勉強をするのでは本末転倒。

本来は「楽しいからやる。続く＝習慣になる」ものです。

ただ、宿題もやり方によっては楽しくできます。

詳しくは第3章で述べますが、たとえば**「この1問だけやってみようか」「5分で終わりね」などと数や時間を制限するのがポイント**です。

塾に通っていれば安心、ではない

「塾（通信教育）に通っているのに成績が伸びません」というのも、宿題と同じ原理です。塾や通信教育も「親が行けと言うから」「友だちがやっているからなんとなく」としょうがなくやっている子が大多数です。

全然成績が伸びない子もいれば、表面的にはテストの点数がとれるようになる子もいます。どちらの場合も、自分から、楽しんでという姿勢に欠けるので、結果的に勉強が嫌いになってしまうケースもあります。

その一方で、塾に行かずに進学校や有名大学に受かる子もいます。

彼らは一様に「親に勉強しろと言われたことはありません」と言います。

親御さんからは「子どもが自分から夢中になって……」と聞きます。

幼少の頃から家族と数パズルを楽しんでいたり、父親がやっていた数独を一緒になって解いたり、ジグソーパズルやルービックキューブで競ったり。

なかには一緒に勉強するうちに、母親が息子以上に勉強に夢中になって、子どもも負けじと勉強したというエピソードもありました。

かくいう私も勉強は決して好きな方ではありませんでした。が、本を読むのは好きだったので、習っていない漢字を知っていることもよくありました。そんな私を見て、父親が「この字、書けるか?」「読めるか?」とたびたびクイズを出してきました。

遊びの延長だったり、親と競ったり「楽しんでいる」という点が共通しています。楽しいから夢中になります。集中します。真剣になります。

もちろん塾に行くのも悪いことではありません。けれども、塾に丸投げとなってしまうと、元々学力の高い子か相当意欲が高い子でない限り、「ただ通っているだけ」になりがちです。

子どもの勉強は親が見てあげる。まずこれが大前提です。とくに低学年、中学年のうちは必須です。そのうえで、親の範疇を超えることは塾にフォローしてもらう。塾の方が上手に教えられることはお任せする。そうしたスタンスで塾を活用すれば、成果が出てくるでしょう。

中学生になってから頑張ればいい？

小学校の間に「基礎学力」を養うのが大切

「勉強なんて、中学生になってから頑張ればいいのでは？」……そのように言われることがあります。

たしかに、勉強が本格的になってくるのは中学校からです。算数は数学になり、国語は文法や古典などが入ってグッと専門的になります。さらに英語が重要科目として加わります。

中学校受験をする子どもはまだ少数派ですが、高校は誰もが受験します。中学の勉強が最重要になってくるのは事実です。

では小学校の勉強はおざなりでいいかというと、まったくそんなことはありません。

小学校があって、中学校があるのです。小学校時代に学ぶことは、あらゆる教科の土台です。

小学校の間に「基礎学力」をしっかり養うことが、中学校でつまずかないためにも必要です。

なかでも重要なのは**「読み書き計算」**です。

読み書きができないと、国語はもちろんのこと、算数などの文章問題ができません。理科や社会の内容も字が読めないと理解できません。

語彙が不足していると、自分の感情や氣持ちを表現することもできません。「死ね、バカ、ウザい」。こんな言葉ばかり言う子はたいていの場合、読み書きができていません。言葉を知らないから何でも同じ言葉でやり過ごそうとする。

読み書きができて語彙が増えれば、感情表現は豊かになるし、人の言葉も理解できるようになる。そうなると思考力がついてきます。

計算も同じです。１ケタの簡単な計算ができないと繰り上がりはできません。繰り上がりでつまずくと、たし算やひき算ができない子になる。九九やわり算もわからない。

6年生で算数ができない子の中には、繰り上がりでつまずいている子もいました。当然、算数が嫌いになります。中学校に上がり、高度な数学となったら、ますますついていけなくなるでしょう。

中学校でつまずく子も同じです。おそらく小学校の低学年、中学年レベルからつまずき、それがずっと尾を引いているのでしょう。

勉強は筋トレと同じ。反復あるのみ

ではどうしたら基礎学力＝読み書き計算が身につくか。

それにはひたすら「反復練習」あるのみです。

「勉強はスポーツと同じです」と言うと、みなさんびっくりされます。

スポーツは基本的な練習を何度も何度も行います。腹筋や腕立て伏せといった筋トレを毎日続け、体を鍛えます。野球ならキャッチボールや素振りを、何百回、何千回と繰り返します。

そうすることで、試合のときにどんな状況にでも反射的に対応できる「回路」を作っているのです。

勉強も同じです。何度も何度も同じ問題を繰り返すうちに、目で見て、頭で考えて、手で書く、という回路ができてくる。計算問題や漢字は、何度もやっているうちに反射的にできるようになります。

学校の授業を耳から聞き、教科書を眺めるだけでは、学んだことを自分の中に定着させることはできません。

勉強ができない子、スピードが遅い子はほとんどの場合、頭と手の間に「回路」ができていません。頭では答えが出ていても、手が動かない。道が開通していないので、途中で止まってしまうんですね。

だから、頭の筋力をつける。そして手で覚える。それが勉強の強い土台になります。

頭と手の「回路」ができれば、思ったことがすぐ書けるようになります。

繰り返し練習は、「回路」を作る最短にして最善の方法です。

やっていくうちに「やる氣」という「心の回路」もできてきます。

◆だから、家庭学習が欠かせない

基礎学力は低学年の勉強を徹底的に繰り返し、何度もすることでついていきます。10マス計算なら100問を2～3分でできるようになるまで、漢字なら1、2年生の漢字を間違わずに全部書けるようになるまで。

ポイントは同じ問題を繰り返し、完璧にできるようになるまでやることです。

そうすることで、基礎学力が着実につき、自信もついてきます。

「僕（私）はやればできる」。

こう思えたら、勉強の難易度が上がってもつまずかず、頑張っていける子になるのです。

本来なら、学校の授業で反復練習をさせるべきなのです。

教科書の内容を「教える」ことは最低限にして、あとは10マス計算や漢字プリントなどの「実践」をたくさんさせる。また、宿題も同様のものであるべきです。

しかし、残念ながら現状はそうなっていません。

そこで、この反復をする場が、家庭となるのです。

自宅学習とは、イコール「反復学習」。**家で毎日筋トレをする**ということです。

その筋トレを、いかに楽しく、やりがいのあるものにするか、親の出番となるわけです。

学習習慣をつけておくと後がラク

読み書き計算の基礎学力作りは、小学校のうちからしておくのが肝心です。同様に、家庭学習の習慣づけも小学生の間がチャンスです。

大きくなればなるほど、子どもはどんどん親の管轄から離れていきます。**中学校に上がってから「ちゃんと毎日勉強しなさい」と言っても、なかなか聞く耳を持たないでしょう。**

それに中学では部活動も盛んになり、帰宅時間も遅くなりますから、勉強習慣のない子はますます勉強しなくなります。

親の言うことをまだ素直に聞いてくれる時期、時間に融通のきく小学生のうちにこそ、家庭での勉強習慣をつけてしまいましょう。

低学年であればあるほど、習慣づけはラクです。一度習慣になってしまえば、親がガミガミ言わずに済みます。家庭平和のためにも（笑）大切です。

第2章

勉強嫌いでもたった2週間で学習習慣がつく！

#「勉強の楽しさ」に目覚める前に「楽しい勉強」をとことん

自分から進んでするようになるために

前章で述べたように、子どもが「自分からどんどん勉強する」ようになるためには、勉強が「楽しい」ことが大前提です。

というより、楽しくなければ子どもは絶対に勉強しません。教師や親から言われてしぶしぶ勉強したとしても、集中していないから、全然身につかない。だから成績も上がらない。結果、勉強が嫌いになってしまいます。

楽しければ、もっと勉強しようという氣持ちになります。だから毎日続けられ、学習習慣がつきます。もちろん親が「勉強しなさい」「宿題しなさい」とガミガミ言わなくても、自分から進んでするようになります。

そして、**楽しい勉強なら、ゲームをするときと同じくらい集中するので、確実に定着します**。日々どんどんレベルアップしていくから、ますます楽しくなる。好循環が生み出されるのです。

では、どうすれば「楽しい勉強」になるのか。
それには次の４つが重要なポイントになります。

①　親が一緒にやる
②　勉強のやり方を楽しくする
③　勉強の中身を楽しくする
④　ラクにこなせるレベルにする

次項から順番に見ていきたいと思います。

「一緒にやろう」のひと言で子どもが変わる

親の関わりが何より大切なのです

前章で、「勉強しなさい」「宿題しなさい」はまったく効果のない言葉であり、子どもがやる氣をなくすだけ。禁句にしましょうとお話ししました。

そのかわりに、子どもがたちまちやる氣を出す魔法の言葉があります。

それが「一緒にやろう」です。

子どもが勉強するかどうか。それは親の関わり度合いにかかっています。

とくに子どもが低学年、中学年のうちは顕著です。

学校任せでも、塾任せでもダメなのです。

お子さんがもっと小さい頃、親御さんは何でも一緒にやってあげていたと思います。本を読んであげ、ご飯を食べさせ、公園では一緒に遊び、夜は同じ布団で眠り……。お母さんやお父さんと一緒だからうれしいし、楽しい。お母さんやお父さんが一緒にしてくれるから、子どもはいろんなことをやってみようと思えるのです。

子どもが成長して自分のことは自分でできるようになるにつれ、「一緒にやる」ことがだんだん減ってきます。「抱っこして」「ご飯食べさせて」とは言わなくなります。でも、いつだって子どもは親の関わりを求めています。**お母さん、お父さんが一緒にしてくれれば、どんなことも楽しくなります。**「やってみよう」と思えます。それは小学生になっても変わらないのです。

これまで「一緒にやろう」なんて言ったことがなかったという方。ぜひ「一緒に勉強しよう」「一緒に宿題しよう」と言ってみてください。お子さんからきっと、今までとは全然違う反応が返ってくるはずです。

子どもはがぜん、やる氣になります。ガミガミ言っていたとき、子どもとの関係が険悪になっていたのがウソのようです。

隣りに座って、一緒に問題を解く

「これまでも、子どもの勉強に付き合ってきました」という方もいるかもしれません。けれども、それは単に子どもの隣りや前の席に座って、ちゃんと勉強するかどうか「監督する」だけではありませんでしたか？

私が言う「一緒にやる」とは文字通り、親も一緒に勉強することです。宿題なら、同じ問題を解く。どちらが早く解けるか、子どもと競争するのもいいでしょう。

受験指導の専門家から、こんな話を聞いたことがあります。

Aくんのお母さんは高卒でした。家庭の事情もあって、勉強できる環境がなかったから成績も悪かった。自分には学歴がないから、子どもに勉強を教えられない。だからAくんが「教えて」ときたときに、一緒に勉強して、教えてあげようと思った。そうして一緒に勉強するうちに、「こんなに楽しいことを、なんで私は子どもの頃

「一緒にやろう」が魔法の言葉

×

遠くから声かけ

子どもが勉強するのを
そばで監督

○

親も一緒に勉強する

にやらなかったんだろう！」と、どんどん勉強にのめりこんでいった。楽しそうに勉強する母親を見て、Aくんも勉強がおもしろくなった。

Aくんが中学になっても高校になっても、お母さんは自分の当時を取り戻すかのように、ものすごく勉強したそうです。最後にはかなり難しい大学受験の問題も解けるようになった。

もちろんAくんはさらに上を行きました。結果、東大を現役で合格。楽しい時間を共有できたことをお母さんはAくんに感謝しました。

学歴の高い家庭だけが難関大学合格者を生むわけではないのです。

その専門家は、**「親が楽しんで一緒に勉強する。これ以上に、子どもの学力向上に効果的なことはない」**と言っていました。私もまったく同感です。

宿題をやってみると意外に難しい！

とくに子どもがまだ学習習慣がついていない、学力がついていないうちは、「同じ勉強を一緒にやる」のがとても大切です。マラソンのコーチのように伴走するのです。

そうやって一緒に勉強してみると、意外に小学生の勉強内容が難しいことに氣づきます。

子どもが宿題をする前に、プリントをコピーしたり、質問を書き写したりして、子どもと一緒に宿題に取りかかってみます。やってみると……

「けっこう難しいことをやっているんだ！」

「こんな問題をやってるなんて、頑張ってるじゃない」

見方が変わるかもしれません。1、2年生はまだしも、3、4年生ともなるとかなり難しい内容を学習します。それを実感してください。

あるお宅で実践したところ、そのお母さんから

「今までは、『プリント1枚に何十分もかかるなんておかしいんじゃない？』と子どもを責めていましたが、やってみると意外に難しく、**『これはけっこう大変だね』と言った瞬間、子どもがうれしそうな顔をしました**」

と感想をいただきました。

「このテストで60点もとれたなんてエライ！」（何点でもほめてください）

今まで「なんでこんなにできないの！」と怒っていた親が、ほめてくれた。親の目線が変わると、かける言葉や態度にも表れます。

子どもも「おっ」と思います。「わかってくれた」と信頼関係が生まれます。

「一緒に勉強する」ことで、子どもに共感し、寄り添うことができます。

親がわかってくれたと感じるだけで、子どもの心はやわらかくなります。

いろいろなことが素直に吸収できるようになるのです。

信頼関係が築けたら、子どもが苦手なことをまず親が、楽しそうにやってみましょう。

「漢字プリント、お母さんにもやらせて」

やるときはできるだけ楽しそうにやってください。

子どもが苦手なことを親が楽しそうにやると、呼び水になります。

計算や漢字が苦手な子も「一緒にやってみようかな？」と思います。

一緒にやったら、たくさんほめてください。「もっとやろう！」と勉強が楽しくなります。

1分からできる「ユニット式学習」のススメ

子どもの集中力は短時間しか続かない

「楽しい勉強」にするために、ぜひ知っていただきたいことが、「子どもの集中力は短時間しか続かない」ということです。

反対に言えば、子どもに集中させるには、ひとつの勉強を5分や10分、15分に収める必要があるのです。

それどころか、1分でもいいくらいです。その1分に思いきり集中できたら、ものすごく吸収できます。脳も活性化され、回路がつながります。

私はこれを、**勉強の「ユニット化」**と呼んでいます。

テレビのバラエティ番組が良い例ですが、ひとつの番組は3分から5分のユニットで構成されていて、だいたい3分に1回くらい盛り上がる場面があります。飽きさせない工夫があるのです。大人でも、1時間の番組をずっと集中して見ていることは難しいので、これはとても理にかなっています。

子どもの集中力は長く続きません。だから、短い時間でやる。

私はこれを学校で、「ユニット授業」として実践しています。

45分で1単位の授業は、集中力が続かないので、密度が薄くなります。今の子どもたちのスピードに合っていない。長すぎるのです。45分間子どもを集中させる授業など、どんなベテラン教師でも不可能。必ず途中で飽きます。

だから考え方を変えて、45分という枠を一度はずします。

45分を、1分、5分、10分、20分といった短時間のユニットで構成します。1分であいさつ、5分で漢字テスト、10分で個人発表、20分でグループ学習、といった具合に。こうすれば子どもは飽きません。

宿題も細切れにして数分単位で切り替え

家庭学習にもこのユニット式を取り入れるのがオススメです。

たとえば、算数はプリント1枚、国語は漢字の書き取り練習4文字分、音読は2回という宿題が出たとしましょう。

普通の考えなら、どれかひとつの教科の宿題を終わらせてから、次の教科の宿題に取りかかると思います。

しかし、たとえば算数のプリントを1枚仕上げると、すっかり疲れてしまったり、達成感が出てしまったりして、それ以外の教科の宿題をする頃には、集中力が途切れていないでしょうか。

先にイヤなものを済ませようとして、不得意教科の宿題から始めれば、さらに結果は悲惨です。苦手な教科なのでより時間がかかってしまい、せっかくの得意な教科の宿題にかかる頃には、もう力が残っていません。

そこで、**算数のプリントなら、問題すべてを終わらせないと次の宿題にいってはい**

けないという、呪縛を取り払います。

まずは算数の問題を1題やって、次は国語を1題やって……と、交互にやる。計算問題が30問並んでいるようなプリントなら、5問やったら次の教科と決めてもいいですね。

漢字も、1文字練習したら、次の教科の宿題へ。

音読は、2回1セットではなく、1回読んだら、次の宿題へ。

タイマーで時間制限すると一氣に集中

宿題が1科目だけ、プリント1枚だったら5分やって、1分休んでと時間を区切ってみてもいいでしょう。「5分で問題を3つ終わらせる」などとしてみるのもいいです。

実際に時計を見て、「今20分だから、25分までね」と、時間制限をします。時間を意識させることで、子どもはグッと集中します。キッチンタイマーを使うと、もっといいです。

また、「ここからここまでの問題を何分でできるか、お母さんと競争しよう」と、

家庭学習もユニット化

ひとつの教科を終えてから次へ

計算問題
15問

漢字書き取り
10問

音読　２回

途中でダレてしまう…

↓

それぞれ細切れに

計算　５問

漢字　３問

音読　１回

計算　５問

漢字　３問

音読　１回

計算　５問

漢字　４問

集中力が続く

タイムを測るのもオススメです。

私も授業でストップウォッチを使っていますが、タイムを測るのは、やる氣を上げるカギです。

リアルに「何分」と出ることで、「お母さんより○秒速かった！」と楽しくなる。**「昨日と比べて、15秒も縮まった！」と、自分の成長を実感する。**短い時間でも頑張って取り組んだことが、達成感や成功体験となります。

こうすると、勉強がどんどん楽しくなり、「もっとやりたい！」となるのです。

最終的に全部終わっていればいい

そうやって、短いスパンで宿題をこなし、頭を切り替えて次の教科の宿題に移る。細かい単位（ユニット）に分ければ、ひとつひとつにかける時間は短いから、集中できます。

「プリント1枚やらなきゃ」よりも、「とりあえず5問」と思えば、「やろうか」という氣になります。子どもはゴールが見えていると頑張れます。

もちろん、それぞれのユニットの間には、頭を切り替えるためにも1分ほどの小休止をとってもいいでしょう。

要は、考え方です。

「まとめてやらないと身につかない」なんて心配はありません。

楽しく、集中力を切らさない工夫をしてあげれば、宿題と聞いても「ウェッ」となりません。子どもも自然と自分に合う方法で宿題をやるようになっていきます。

ゲーム感覚の「楽習」でやる氣スイッチを入れる

どの子も夢中になる「10マス計算」

前項のような工夫で、これまでよりずっと楽しく勉強できるようになると思います。ただ、それでもやっぱりなかなか宿題をしようとしない。どうしても氣乗りせず、いつも「立ち上げ」が遅いということもあるでしょう。

勉強の楽しさがわからないうちは、それも仕方のないことです。どうしても宿題とは、学校から出された「イヤイヤする」もの、強制されたものというイメージがあります。

学習習慣がつき、学力もついてくれば、宿題の意義が変わります。自分のためにするもの、自分を試すものに変わり、積極的にこなそうと思えます。

みんなハマる「10マス計算」

+	4	8	9	2	6	0	3	5	7	1
3										
6										
8										
4										
1										
9										
7										
2										
0										
5										

100マスだと
ハードルが高いが…

→

+	4
3	
6	
8	
4	
1	
9	
7	
2	
0	
5	

10マスなら氣持ち
がラク！

宿題の内容も難しくなっており、さっさと終わらせる氣にもなります。

その前段階でつまずいている場合、あえて宿題はおいておいて、別に「楽しい勉強」をさせてみましょう。

最大のオススメは、これまでたびたび出てきた「10マス計算」です。

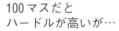

陰山英男氏が世に広めた「百ます計算」をご存知の方は多いでしょう。縦に10、横に10とり、全部で１００のマスがある計算トレーニング法です。

百ます計算は、計算力をアップさせるのにとても効果的なものなのですが、実は計算が苦手な子にはちょっとハードルが高いのです。

１００マスあるということは、１００回計算しなければならず、計算を進めていくと、マスを追うのだけでひと苦労です。

そこで私が考案したのが、10マス計算です。縦に10、横に１とり、百ます計算を10分の１にしたものです。

これだとすぐに終わり、慣れれば数秒でできるので、とても達成感があります。この際、タイムを測って親と競争したり、記録更新に挑戦したりしたら、子どもはめちゃくちゃ頑張ります。

10マス計算はどんな勉強嫌いな子でも必ずハマる、魔法のようなアイテムです。

ウォーミングアップに最適

その他、国語であれば漢字クイズやパズル、全教科でできるフラッシュカードなど、「楽習」にはいろいろあります。具体的な方法については次章を参考にしてください。

これらをまず、子どもにやらせてみます。「一緒にやろう」がポイント。毎日少しずつでも続けることで、だんだん勉強の楽しさに目覚めてきます。そうなったら、宿題などラクラクこなせるようになるでしょう。

また、これらは宿題の前にすると、ウォーミングアップにもなります。

運動でも始める前に軽いランニングや準備体操をして、体をあたためます。体があたたまっていないと、うまく動けませんし、イマイチ乗り切れません。

同様に、**脳も「勉強脳」にするために、あたためるのが大切**です。

授業でも開始時に10マス計算をやっていますが、子どもたちの心がまえができて、すんなり授業の本題に入ることができます。

「宿題やりたくない〜」と言っている子でも、最初に10マス計算などでウォーミングアップしておくと、氣分も乗っているので「じゃあやってしまおうかな」という氣になります。

テレビなどもう見なくなる

私の提案する「楽習」は、どれも時間勝負、スピード命です。

10マス計算なら、もちろんタイムを測りますし、「〇分以内に何問解けるか」といった出し方をしたりもします。

漢字の書き取りは、100題を5分以内にできるようになるのを目標にします。音読では、「超高速読み」などというのもあります。

要は勉強の遊び化、ゲーム化です。勉強にゲームなんて……と思うでしょうか。それがいいのです。

「勉強をゲーム感覚でやるのはどうなんだろう……」と懐疑的だった、ある真面目なお母さん。

小学3年生の娘さんと10マス計算を一緒にしました。ゲーム感覚でタイムを測ってやったところ、娘さんが驚くほど集中力を発揮しました。

もちろんお母さんが勝ったのですが、娘さんは本氣で悔しがりました。「もう一回！」と再トライすることに意欲を見せ、次は自分の課題を見つけて苦手を克服。何度も何度も挑戦する姿にお母さんは感動しました。

日に日に秒数を縮め、最後には目標を達成！「やったあ！」と心から喜ぶ姿に驚

タイムを測って楽しく

きを隠せませんでした。
「勉強でこんなに達成感を味わった娘を初めて見ました」
「ゲーム感覚を勉強に取り入れるのはよくない」という偏見は吹き飛んでいました。
　やる氣スイッチの入った娘さんは、今も黙々と勉強しているそうです。

　思い出してください。子どもは楽しくなければ絶対勉強しないのです。でも、楽しければいくらでも勉強します。テレビなどもう見なくなるくらいに。
　あの手この手で、勉強を楽しい遊びにしてください。

勉強がつまらない＝難しいからということも

低学年のつまずきを引きずる6年生

勉強がつまらない、宿題をしたくないのは「難しいから」というケースも多いです。低学年でのつまずきをずっと引きずっている子どもは少なくないのです。

つまずいたことをわからないままにしておくと、勉強はどんどんわからなくなっていきます。土台ができていないと新しいことが理解できないので、勉強をただ「難しい」と思うようになります。

とくに算数などは体系的なので、1年生のつまずきが、その後の学習に響いてきます。 2年生になっても次の学習に進めません。低学年のうちはまだ何とかなっても、高学年になるとそれまでの下積みがものを言うので、わからない子は全然わからない。

わからないから勉強が楽しくなくなって、学校でも授業中に騒いだり、他のことをしたくなったりする。

学校の授業ではクラス30人、全員に教えないといけないので、わかっているかわかっていないか細かく確認してくれません。「わかっているだろう」という前提で次々進めてしまうことがほとんどです。

私は、学習につまずいている子は、その子がたとえ6年生でも、1年生に戻って、やり直します。

「6年生ならせいぜい5年生とか4年生くらいから始めればいいんじゃない？」という人もいます。しかし、勉強ができない子は、たいていの場合もっと前の段階でわからなくなっているので、4年生とか5年生の勉強をやってもやっぱりわからない。

土台ができてないところに積み上げても、ダメなのです。

九九や繰り上がりのたし算など低学年で学ぶことをしっかり定着させて、土台をしっかり作ることが必要になってきます。国語なら画数の少ない、1、2年生の漢字を読むのも書くのも両方できること。低学年レベルの音読がスラスラできること。

低学年レベルの簡単な勉強を繰り返すことでしか、土台は作れないのです。

1年生レベルから始めてみよう

お子さんの勉強の理解度はいかがでしょうか。ちゃんと学校の授業についていけているでしょうか。

宿題を嫌がるのは、宿題の内容を理解できないから、難しくてスラスラ解けないからかもしれません。

とはいえ、子どもがどこにつまずいたのか見極めるのは簡単ではありません。そこで、勉強を嫌がる子には、とにかく1年生の勉強から始めてみることをオススメします。

たとえば、算数なら10マス計算から。いきなりかけ算やわり算ではなく、簡単なたし算から始めます。国語であれば、1年生の簡単な漢字の書き取りをやってみます。

6年生で九九を覚えていなかったTくん。そんなときも、いきなり九九からは始めません。最初は簡単な10マス計算から始めます。

「こんなの簡単だよ！」とTくん。「じゃあ、5秒でできる？」

勉強でつまずいたら

前の学年に
戻るのではなく

1年生レベルまで
戻ってやり直す

「当たり前だよ！　オレ6年生だよ！」

どんどんクリアしていきます。

簡単なことでも小さい成功を積み上げていくと自信になります。

「繰り上がりの計算はできているね」「こんなにスピードアップしてエライ！」

自信がついたら九九です。九九も一の段から順にというやり方ではなくて、効率の良い方法を教えてあげます。

「へー、半分覚えればいいんだ！」得意になります。

2週間もすると、T君は算数が苦手だなんて言わなくなりました。

漢字が書けなかった4年生のHさんも、1年生からの漢字プリントを全問正解するまで繰り返し練習しました。そのうち1年生の漢字はひとつのミスもなく、短時間で書けるようになりました。学校だけでなく、家でも自分からプリントを何度もやるようになって、ついには4年生の漢字も1学期の間に全部覚えてしまいました。

簡単に解けるから、もっとやりたくなる

つまずいた子は、簡単なことから始めて、成功体験を積むことが大切です。簡単な問題でも、できると「これならできる!」「簡単!」と手ごたえを感じます。「勉強=難しい」という苦手意識がなくなります。

「できた!」を積み上げて、今までわからなかったことがわかるようになると、自信がつきます。勉強が楽しくなってきます。どんどん自分からやるようになります。レベルも上がっていきます。

文章問題が苦手な子は算数でなく、国語が苦手かもしれません。そんなときは文章を音読したり、文章を式ごとに分解して考えてみたり。簡単に戻すことで理解が深まっていきます。

これは5年生でも6年生でも、中学生になっても同じです。

できないときはできるところまで戻る。

簡単な問題で自信をつけて、レベルを上げていけばいいのです。

焦らなくても大丈夫。

逆に、中途半端に前の学年や前の単元に戻ったり、小手先だけで細かく修正しようとするとうまくいきません。わからない現状のレベルで先に進むと、もっとわからなくなるので、親子でさらに焦ってしまいます。

まず、できるレベルまで戻ること。

そして、勉強は土台が大事だから、できるレベル＝基礎を何度もやって積み上げていきます。

できるレベルを１００回繰り返して、暗記するぐらいまで徹底してやる。勉強はスポーツと同じです。スポーツのように反射的にできるようになるまで、繰り返して基礎を固めます。土台を厚くします。

そうすると脳が変わって、自然に「より難しいこと」もこなせるようになります。

できないときは戻ってみる。これが成功の秘訣です。

「勉強する時間」をどう作ればいい？

時間は密度。長さではない

子どもが「どれくらいの時間」勉強したか、親御さんは氣になると思います。

学校から言われたから、周りの友達がやっているから、家庭学習は30分〜1時間やらないと意味がないのではと思っている方もいるようです。

よく、毎日の家庭学習の時間は「学年×10分」と言われています。つまり、小学3年生なら30分、4年生なら40分です。

しかし、これまで述べてきたように、勉強は「どれくらい集中したか」です。集中して勉強していなかったら、まったく意味がありません。それは学習ではなく、ただ座っているだけの時間つぶしになってしまいます。勉強とは言えません。

「時間の長さ」ではなく「密度」が大切です。

だから、タイムを測るのです。同じ問題をなんとなく時間をかけて解くのと、５分とタイムリミットを設けて解くのとでは、頭の回転度合いが全然違います。

１時間ダラダラと、しょうがないから勉強するのと、楽しんで10分勉強するのとでは、時間は短くても後者の方が断然伸びます。

勉強する習慣を子どもにつけさせるには、「時間の長さ」にこだわらないこと。密度を濃くして、短時間で勉強が済んでしまえば、勉強が苦でなくなります。やるうちに乗ってきて、楽しくなって自然と時間が長くなります。氣づけば毎日勉強する習慣がついているのです。

まとまった30分より5分を6回

勉強とは、まとまった時間、机の前にじっと座って取り組むもの。そう思っている親御さんも多いです。

「勉強時間の長さ」と同様、こだわらないようにしたいのが「勉強時間の作り方」です。

たとえば、子どもと一緒に出かけたスーパーへの行き帰り。学童や塾、習い事からの帰り道。宿題に出ていた九九の暗誦を、終わらせてしまいます。家に帰ったときには、すでに宿題がひとつ済んでいるのです。

道を歩いているときに、勉強してはいけない決まりなどありません。

家でも、私はよく自分の子どもに、テレビのCM中に勉強させていました。

「宿題を◯時までに終わらせないと、好きなテレビが見られないよ！」とお子さんに言ったことのある親御さんが多いのではないでしょうか。

それもまた、ひとつの方法です。たしかに、目標があれば頑張れる子もいるでしょう。でも、それでも時間内に終われない子もいます。そうすると、テレビ見たさにそわそわして、勉強どころではありません。

そこで、発想の転換で、テレビは普通に見させる。そのかわり、**CMの合間に勉強**するのです。

テレビのCMは1回約1分。その間に音を消すなどして、「計算問題5問」などと課題を決め、取り組ませます。

その時間はすごい集中力を発揮するでしょう。

帰宅後に5分、入浴前に5分、翌朝に5分…

勉強慣れしていない子にとって、連続した30分や1時間勉強するのは大変なことなのです。

けれども、5分を6回、バラバラにしてしまえば、勉強したという意識もほとんどありません。そして、氣づいたら全部宿題が終わっていた、トータルで毎日30分勉強している！となるのです。

勉強を細かくバラして、日常生活に織り込んでしまいましょう。そのためにも、ユニット化が大切なのです。

帰ってきてからすぐの5分。テレビを見る前の5分。食事の後の5分。お風呂の前の5分……。これまでならぼんやり過ごしていたすきま時間を、とことん活用します。

たかが5分、されど5分です。

「朝勉強」もオススメです。朝起きてから学校に行くまでの時間です。夕方学校から帰ってきてからは、疲れているため勉強もなかなかはかどりません。朝なら頭もスッキリし、夜の数倍のスピードで進めることができます。

朝の5分は夜の30分に匹敵すると思います。

私も子どもが小学生の頃、朝一緒に勉強していました。

忙しいお母さんも負担が減る

すきま時間は、探せばいくらでも見つかります。

時間は意識して使うかどうかなのです。

5分という時間を、「5分じゃ何もできない」と思うか、「5分もあったら、あれもこれもできる」と思うかどうか。

これは、親御さんが子どもの勉強に付き合うためにも大切なことです。

「子どもと一緒に勉強してください」と言うと、「そんな時間はありません」と返されることがたびたびあります。

たしかに、親御さんはみんな忙しいです。家事に育児に仕事に……。「ゆっくり見

勉強時間も細切れに

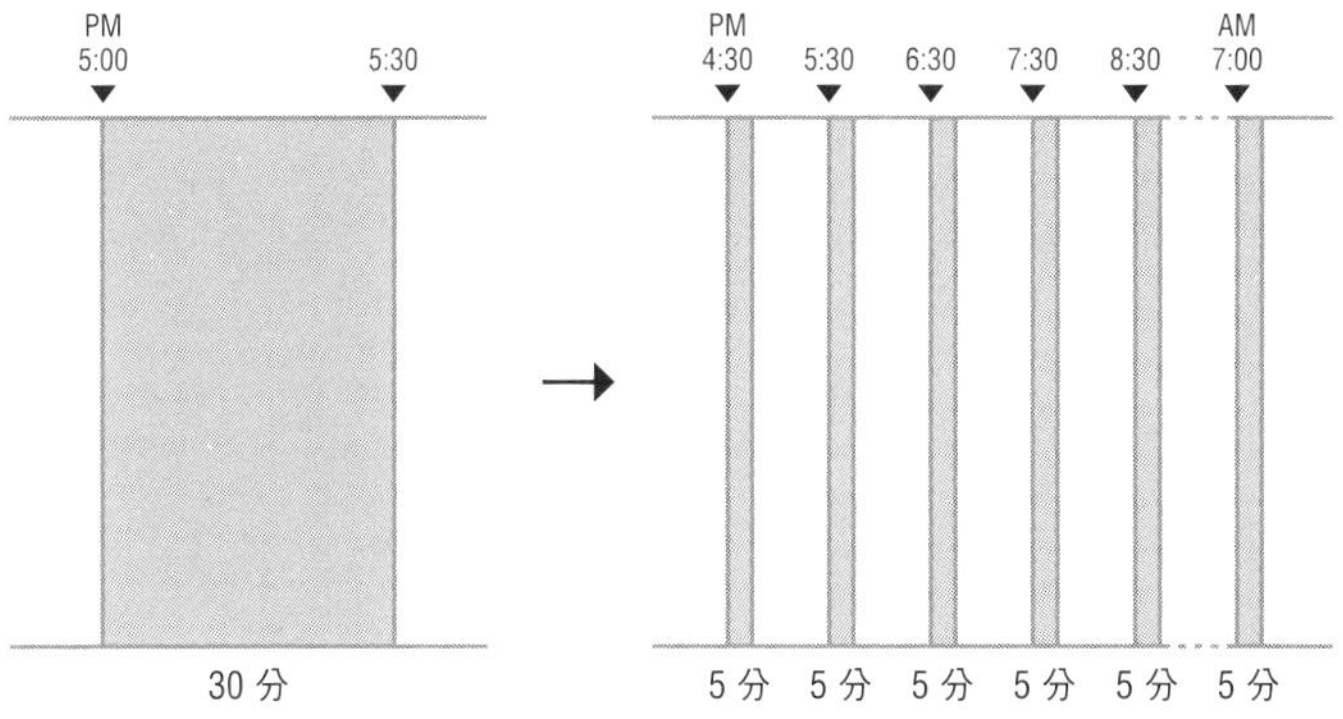

まとめて30分は長いが…

5分ずつなら勉強した氣がしない

てあげられる時間がない」と悩んでいる方も多いでしょう。

けれども、やはり発想の転換です。**まとまった30分を、忙しい夕方に作るのは至難の業ですが、5分単位で子どもに付き合うことはできるでしょう。**

家事の合間でいいのです。

これなら、親御さんの負担も減ります。「早く終わらせなさい」と、子どもにイライラすることもありません。

その5分を、お子さんの勉強に集中することができるのです。その密度も濃くなります。

まずは1日1分から始めましょう

「1分だけやろう」で心が動く

ある小学校で、親がお手上げの勉強嫌いな3年生の男の子がいました。家が近所で、父親と知り合いだったこともあり、たっての願いを受けて、無報酬で、自宅で教えることにしました。

初日に、イヤイヤやってきたMくん。

「勉強、1分だけやろうか」と言うと、「え!? 1分?」ととても驚いた様子。

「本当に1分だけでいいの?」

「いいよ」

と言って、単語帳に書いた数字をどんどん見せて、プラス1の数字を答える計算を

１分だけしました。約束はきっちり守って、１分でスパッと切り上げます。親御さんには内緒で、残りの29分は楽しく一緒に遊びました。Ｍくんもこれなら楽勝だよ、と余裕。簡単にできたので自信にもなりました。

翌日も、その翌日も１分だけしか勉強はしません。

そのうち、Ｍくんの方から、「もう少し長くやりたい」と言い出して、少しずつ時間を長くしていきました。最終的には親御さんとの約束の30分間、勉強するようになりました。

Ｍくんの指導を始めたのは年明けでしたが、なんと、３月には算数のテストで学年の１番に。Ｍくんは勉強ができない子ではなかったのです。

１分でも本氣で集中したら相当な力に

学習習慣は急にはつきません。まずは「１日１分から」始めましょう。

「５分どころか、たったの１分⁉　それじゃあ勉強したうちにも入りません」と言うかもしれません。

それは大いなる思い込みです。1分間、本氣で集中したら、相当頭を使うものです。
勉強ができない子は、理由はいろいろあっても「長時間の勉強はムリ」というのが共通項。そこで、

「1分でいいから計算やってみない？」
「漢字探し、お母さんと一緒に1分やらない？」

と言ったら、「たったの1分？」と子どももびっくりします。そして、「それならやってみようか」という氣になります。

実際にやってみたら、1分はすぐに終わるから楽しい。もっとやりたくなります。1分でも、ひとつのことをやり遂げたら自信になります。

1分でやったことが確実に力になっていきます。1分で成功体験をさせて、勉強を楽しいと思わせましょう。

❀少しずつ時間を延ばしていけばいい

声のかけ方も大事です。「勉強しなさい」ではなく「1分だけやろう」と短い時間

やる氣になる声かけ

を予告します。子どもも「それくらいなら」とやる氣になります。

　1分どころか、30秒でもかまいません。

　30秒というと親御さんは「え？」と思うかもしれません。でもテレビのCMは15秒か30秒と決まっています。

　その時間の中で、商品の魅力を簡潔、簡略に伝えています。だから15秒、30秒と短い時間だってできることはたくさんあるのです。

「それくらいいなら」という軽い氣持ちで勉強に向き合えることが大事です。

　慣れてきたら「今日は1分ね」とか

「5分やってみる？」など少しずつ時間を延ばしていきます。

その子が思っているよりもちょっと短めの時間に設定するのがコツです。

「30分やらされる」と思っているようなら「10分だけやろう」。

「10分やらされるんだろうな……」と思っているなら「1分だけね」。

自分が予想していた時間より短いと、「え？　10分でいいの？」とやる氣が出ます。

まずはやる氣スイッチが入る時間設定で言葉かけをしましょう。

やさしく、明るく、ゲームに誘うような氣持ちで声をかけてみてください。

２週間で軌道に乗る。３ヵ月で定着

毎日勉強するのが当たり前に

「どのくらいで勉強の習慣が身につきますか？」という質問をよく受けます。親御さんとしては、今すぐに毎日勉強するようになってほしい。ちゃんと自分から宿題をこなすようになってほしい。そう思ってしまうのもわかります。ですが、一足飛びにその状態にたどり着けるわけではありません。

私がよく言うのは、子どもは毎日「ゼロに戻る」ということ。

たとえば今日、とても盛り上がって10マス計算をしたとします。その流れで、宿題もどんどん片づけてしまいました。

そして翌日、「昨日あんなに勉強が楽しそうだったから、きっと今日もやる氣になるはず」「自分から勉強したいと言うかも」と思っていると、昨日とはまったく違う反応。子どものやる氣のなさに、肩すかしを食らった……。

子どもは夜寝たら、朝には前日のことをみんなリセットしているのです。

昨日のことなど、すっかり忘れてしまったような様子です。

でも、それが子どもというもの。昨日の続きで今日を見ない。親も新しい氣持ちで臨みましょう。

昨日と同じように、今日も勉強を楽しくするべく工夫します。子どもが乗れるように、あの手この手を使います。

そうして1日1日をこなしていくことで、だんだん「勉強って楽しいかも」と感じるようになります。毎日勉強するのが当たり前になります。勉強が苦にならなくなります。

まずはその段階に持っていくことです。そこをクリアできたら、「自分からどんどん勉強する」段階まではもうすぐです。

休日も飛ばさないのがポイント

「毎日勉強するのが当たり前」「勉強が苦ではない」状態になるには、私の経験から言うと2週間が目安です。

2週間、とにかく勉強を楽しくするべく、工夫をしてみてください。

10マス計算を親子で競争し、宿題を細かく分けて時間を測る。すきま時間でちょこちょここなし、「勉強って、長時間頑張らなくてもいいんだ」と実感させる。

短くてもいいから毎日続けることが大事です。

今日は勉強の時間がとれない、子どもがどうも氣乗りしない、体調不良などといった日があったとしても、1分ならできます。

2週間には、休日も含まれます。休日も飛ばしてはいけません。**1分でいいから、とにかく勉強する。**

そして、2週間続いたら、歯磨きみたいに「しないと氣持ちが悪い」「して当たり前」になってきます。

次の目標は、3ヵ月です。学校で言えば1学期分です。

3ヵ月続いたら、ほぼ完璧に学習習慣が定着したと見ていいでしょう。そうなったら、毎日親が張りついていなくても、自分から勉強できるようになってきます。

ただし、**氣を抜くとすぐにまた、「勉強しない習慣」に戻ってしまいます**。良い習慣が定着するのは時間がかかりますが、良くない習慣がつくのはあっという間です。そこから再び「勉強する習慣」に戻すのは、親の氣持ちも折れがちです。

ずっと張りついていなくても、子どもが勉強につまずいていないか、飽きていないかはそばで見守ってください。

第3章

1日1分から始める家庭楽習

子どもが確実に勉強にハマる「楽習」あれこれ

●短いユニットを組み合わせて

本章で、具体的に「楽しい勉強＝楽習」をご紹介していきます。

98ページからは、私が授業で実践しているユニット式学習です。たくさんの子どもたちが実践し、みな楽しんでやっています。勉強が苦手だった子も、これらを日々こなすことで、どんどん学力が上がっていきます。

勉強の楽しさを知り、学習習慣をつけるきっかけ作りに利用してください。

宿題をなかなかしたがらないという子も、これらのユニット式学習なら、やってみようと思うはずです。

いずれも、数分でできるものばかりです。ポイントはタイムを測ること。時間制限があることで集中力が高まりますし、日々のタイムの伸びが自信につながります。

組み合わせは自由です。

たとえばまずは計算を1分。そのあと漢字を3分。そしてまた計算に戻るといった感じです。時間も、家に帰ってきてから、夕飯を食べる前、入浴前といったようにバラバラにしてかまいません。

ユニット式では、計算と書き（漢字）が中心となります。どちらも学力の基礎となるものなので、毎日続けてほしいところです。

ただ、最初から意氣込んでたくさんやらせようとするのは、子どもに負担が大きすぎます。とくに親はつい、苦手な教科ほどやらせようとしてしまいますが、「勉強ってつまんない！」とやる氣をなくさせるだけです。

まずは「勉強って楽しい！」という感覚を持ってもらうこと。家庭学習が軌道に乗るまでは、子どもの好きな教科、得意な教科だけでもかまいません。

算数が好きな子なら計算だけ、国語が得意な子なら漢字だけでもいいのです。

得意な教科や好きな勉強で手ごたえを感じると、自信がついてきます。自信がついてくると、自然に「それ以外も」と、他のことにも興味が広がっていきます。「今日はこれをやろうか」と親が提案して、乗ってこないときは違うことを提案してOKです。「やらされている」のでなく、本人が「自分からやる」ことが、勉強を習慣づけることにつながっていきます。

同じものを繰り返すから効果が出る

紹介されている教材例が少ないと言う方もいるかもしれません。

実は少なくていいのです。「同じものを何回も繰り返す」のです。

勉強というと、新しい課題にどんどんチャレンジしていくものと思われているようです。計算なら、いろんな式を解く方が学力がつく。漢字なら、いろんな熟語に触れた方が使い方を覚える……。その方が、頭をとても使っているようなイメージがあります。

反対です。何度も何度も同じものを繰り返すから、身につくのです。むしろ違うものを次々こなすのは、頭を混乱させるだけ。積み重ねにはなかなかなりません。

答えを暗記してしまうくらいでいいのです。

暗記しているからといって、頭を使っていないということにはなりません。

同じものを繰り返すと子どもは飽きるのでは、と思うかもしれません。

たしかに、ただ漠然と毎日同じことをするのは退屈です。でも、タイムを測ったり工夫することで、一氣に楽しくなるのです。

毎日違うことをすれば楽しいかというと、逆に子どもは飽きるのです。

なぜなら、「できるようになった」という達成感がなかなか味わえないから。

通信教育や市販のドリルが続かない理由

家庭学習なら、市販のドリルや通信教育の教材でもいいのでは?と聞かれます。

もちろん、全然悪くありません。ただ、結局は飽きてしまうことが多いものです。

最初は子どもも、「毎日やる!」と意氣込んでいます。頑張って机に向かうものの、1週間もしないうちに数日おきに。やがてまったく見向きもしなくなる……。

「自分でやりたいと言ったのに！」「本当に根氣がないんだから」と親御さんは怒りたくなります。けれども、根氣がないから続かないのではないのです。

通信教育の教材にしても、市販のドリルにしても、ページが延々続いています。その膨大な量を埋めていこうと思うと、それだけでちょっと氣がくじかれます。

スラスラ解ける問題ばかりならいいでしょう。でも、**難しい問題や解くのに時間のかかる問題が出てきたとき、とたんにやる氣を失ってしまいます**。

たくさんの問題が並んでいる教材やドリルは、「全部終わらせたら、学力が一氣に上がりそう！」と思わせます。けれども、途中で挫折してしまったら意味がありません。

同じ問題を、暗記するくらいまで繰り返し解く。それが大切なのです。

そして、それには高価な教材やドリルはなくても大丈夫です。

コピーすれば何回でも使える

本書で紹介している楽習を、ぜひ繰り返してみてください。

10マス計算なら簡単に書き写せると思いますが、コピーをとるのが一番ラクでオススメです。一度にたくさんコピーしておけば、子どもがやる氣になったとき、いつでも取り出せます。

コピーは、自宅でできるとさらに便利です。

宿題でも、親の分をコピーして一緒に解いたりすれば、子どもも自然とやる氣になります。毎日わざわざコンビニなどにコピーをとりに行くのは面倒なので、自宅にコピー機があると助かります。

コピー機能のついたプリンタでも十分だと思います。最近は安く買えるので、ぜひ一家に一台置くことをオススメします。

基礎学力がつくまでは、教材やドリルは不要です。**成績が良くないからと、あれこれドリルなどを与えるのは本末転倒。**できない問題、難しい問題ばかりだと、子どもはやる氣をなくします。

基礎学力が十分ついて、日々の力試し的に使うならアリです。その際も、「今日はこの1ページ」「タイムを測ってみよう」などと、工夫が欠かせません。

オススメ楽習①
10マス計算

● 1秒ずつ制限時間を縮めていく

勉強が嫌い、苦手な子でも必ずハマる。それが10マス計算です。ここであらためて、やり方を詳しく説明します。

10マス計算とは、左ページのように10個のマスを次々に計算していくものです。縦に0から9までの数字がアトランダムに並びます。そして、上部にも数字を入れます。左上のマスには「+」「−」「×」を入れます。

たとえば「+1」と入れたら、上から順番に「1+○」「1+○」……と、全部で10問計算していきます。

入れる記号、数字によって無限のパターンで計算問題ができるのです。

10マス計算のやり方

たし算

+	3
7	10
1	4
8	
3	
5	
9	
2	
0	
6	
4	

0～9を入れる

0～9をランダムに入れる

ひき算

−	10
7	
1	
8	
3	
5	
9	
2	
0	
6	
4	

10～19を入れる

かけ算

×	3
7	
1	
8	
3	
5	
9	
2	
0	
6	
4	

0～9を入れる

10マス計算は手書きで作ってかまいません。すぐに書けます。1マス1㎝四方くらいあった方が、書き込みしやすいです。

左側の数字は、0～9までバラバラにして入れてください。どんなパターンでもかまいません。

最初は「＋0」から始めましょう。

「そんなの簡単！」と子どもはバカにするかもしれません。左の数字を右に書き写すだけですから。

そこで、時間制限の出番です。「じゃあ、10秒でできる？」と聞いてみましょう。これで楽しいゲームの始まりです。どちらが早いか、親子で競争するのもオススメです。**たとえ簡単な「＋0」でも、10秒を切れたら子どもには大きな自信になります。**やる氣に弾みがつきます。

「もっとやりたい！」となったら、他の数字を入れてやってみてください。時間制限はまた10秒。慣れてきたら、「次は8秒ね」などと時間を縮めていきます。速い子は5秒でできるようになります。

10マス計算は集中力を要するので、1日数回すれば十分です。あまり張り切ってやりすぎると飽きてしまうので、ほどほどに。

たし算がクリアできたら、次はひき算です。ひき算は10〜19の数字を入れます。ひき算は中学年になっても苦手とする子は多いもの。ここで10秒切れるようになれば、大きな自信になります。

そして、最後はかけ算。0〜9の数字を入れます。最初は「×0」から。答えは全部0なので、5秒でできるでしょう。以降の数字は、10秒を切るのを目標に。九九がちゃんと覚えられているかの確認にもなります。

10マス計算に慣れたら、102ページのような10マスを10個、つまり100マス計算にトライです。たくさんコピーしておくと便利です。

ここでも時間制限を1分30秒、1分15秒、1分と縮めていくと、子どもはどんどんやる氣になります。

10マス計算はぜひ毎日続けてください。1日ひとつ、数秒でもいいのです。短くても続けることで、計算に対する感覚が養われていきます。

10マス計算×10（100マス）

6		0		8		3	
2		9		1		5	
7		3		2		4	
8		5		4		9	
0		4		3		7	
9		1		0		2	
5		8		6		1	
3		7		9		6	
1		2		7		0	
4		6		5		8	

5		2		7		1		4		9	
6		4		8		0		3		7	
0		5		9		6		1		8	
1		0		6		2		7		3	
9		6		1		8		5		2	
7		8		4		3		6		5	
4		7		3		9		2		0	
2		1		0		5		8		4	
8		3		5		4		9		6	
3		9		2		7		0		1	

オススメ楽習②
計算フラッシュカード

●集中力、動体視力も鍛えられる

フラッシュカードはゲーム感覚で楽しめるので、子どももとっつきやすく、計算以外にもいろいろな学習に使えます。

リズム・テンポ、スピード、さっと反応する反射力などがつきます。

簡単なものでいいので、時間があればぜひ作ってみてください。トランプくらいの大きさで、画用紙や厚紙で作るといいでしょう。親子で作ってもいいですね。

やり方としては、0から9の数字を書いたカードを10枚作ります。ランダムにカードを親が出し、あわせて10になる数は何か、子どもに言わせます。**クイズ的で楽しめます。**

たし算とひき算、かけ算とわり算を同時に理解

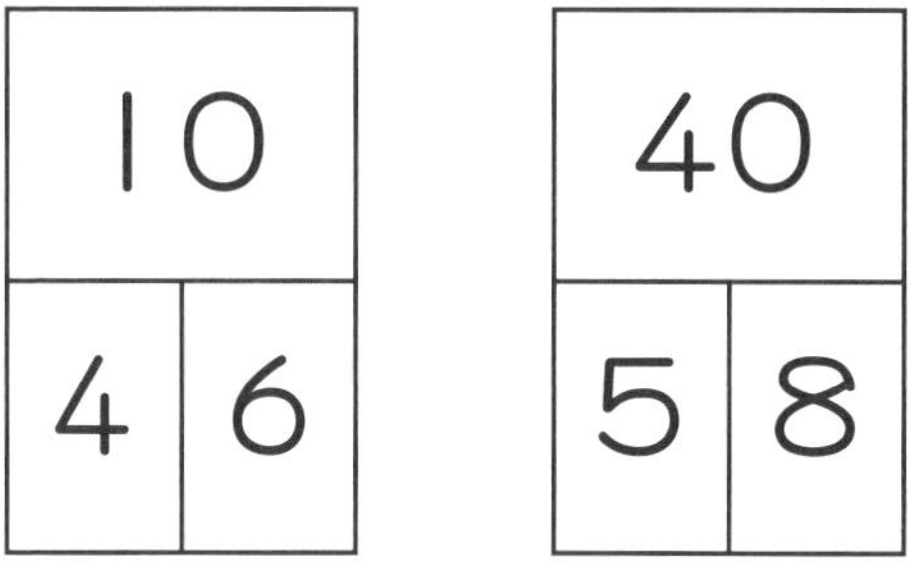

たし算
ひき算カード

かけ算
わり算カード

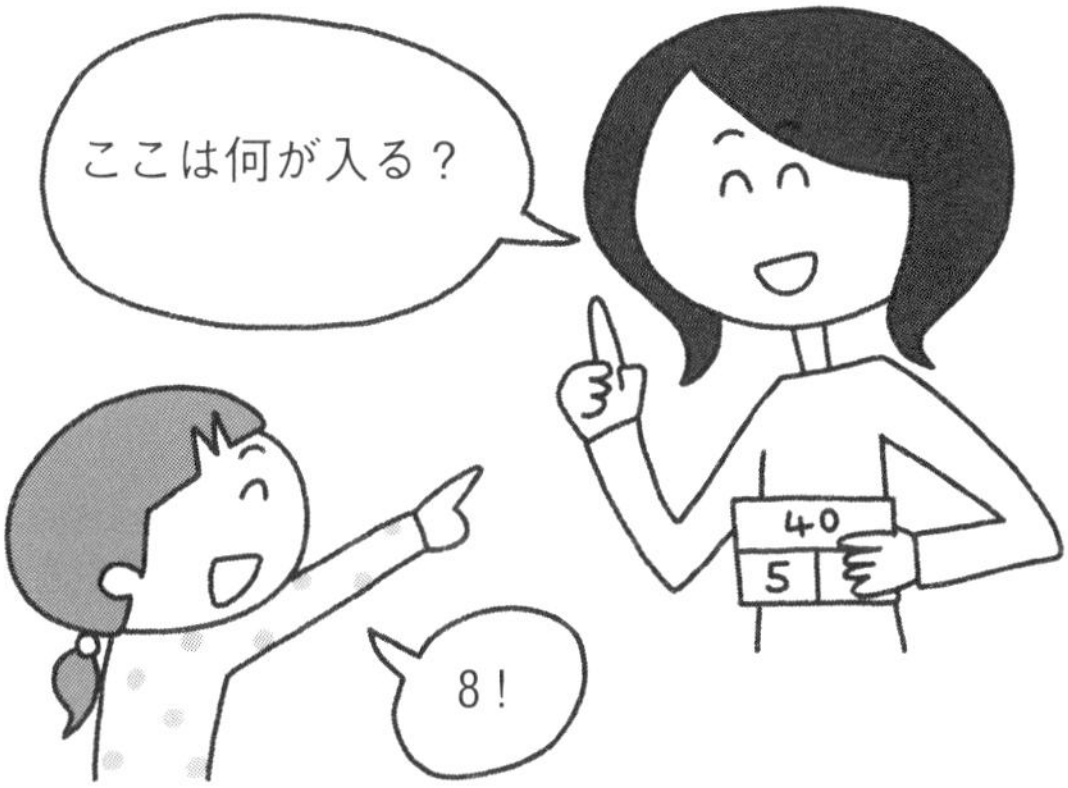

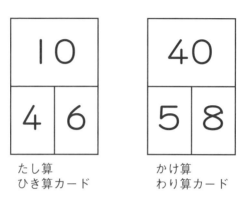

さらに、前ページのような3つのマスに分かれたカードもオススメです。マスのひとつを隠し、中に入る数字は何か答えます。

これはたし算とひき算を同時に理解するのに役立ちます。たし算とひき算は別々に存在しているわけではなく、「10－6」も「10－4」も「4＋6」もみんなつながっているのです。それがこの枠でよくわかります。

また、この枠は九九カードとしても使えます。

たとえば上に「40」、左下を「5」、右下を「8」とします。先ほどと同様、いずれかの数字を隠し、子どもに答えさせます。

これもまた、かけ算とわり算を同時に理解するために有効なのです。わり算が苦手という子は、たいてい九九がしっかり頭に入っていないものです。

5と8の組み合わせが40であり、「5×8」も「40÷5」も「40÷8」もひとつながりだと感覚的にわかるようになります。

オススメ楽習③ 10題計算プリント

10マス計算をクリアしたら挑戦

10マス計算のかけ算までスムーズに速く解けるようになったら、110ページからの数式問題に挑戦してみるといいでしょう。

「穴あき九九」「10題わり算」「混合計算」の3つです。いずれも、10題ずつのブロックに分かれています。これも10題で10秒以内を目指します。

慣れるまでは10題ずつ、慣れたら一気に100題をやってみるといいでしょう。**速い子は100題1分を切ります**。相当集中するので、この1分だけで1日の家庭学習は終わりにしてもいいくらいです。

これらをたくさんコピーし、同じ問題を繰り返し解きましょう。それこそ答えを暗記してしまうくらいでいいのです。繰り返すほど答えが頭に入り、タイムがどんどん縮んでいきます。

それぞれ10問ずつに、タイムを書き入れる（　）があります。

・穴あき九九

5×8は即答できても、5×（　）＝40になると、とたんにわからなくなる子が多いもの。これがクリアできると、わり算の理解もスムーズです。

・10題わり算

わり算を苦手とする子は多いですが、実はかけ算、九九がちゃんとマスターできていないのです。穴あき九九がクリアできれば、こちらも簡単にできます。

大人はすっかり計算力がなまっているので、親子で競争したら、きっとお子さんが勝ちます（笑）。

・混合計算

最後は、たし算、ひき算、かけ算、わり算、穴あき九九がアトランダムに混じったもの。頭をどんどん切り替えなければいけないので、やりごたえがあります。

ぜひ親子で競争してみてほしいと思います。大人にとっても良い脳トレになるでしょう。コピーをたくさんとって、いつでもできるようにストックしてください。

穴あき九九

(　　　)

3×（　）=0
3×（　）=9
3×（　）=15
3×（　）=6
3×（　）=21
3×（　）=27
3×（　）=3
3×（　）=24
3×（　）=18
3×（　）=12

(　　　)

4×（　）=4
4×（　）=12
4×（　）=20
4×（　）=28
4×（　）=36
4×（　）=32
4×（　）=24
4×（　）=16
4×（　）=8
4×（　）=0

(　　　)

9×（　）=27
9×（　）=45
9×（　）=0
9×（　）=63
9×（　）=36
9×（　）=72
9×（　）=81
9×（　）=54
9×（　）=9
9×（　）=18

(　　　)	(　　　)	(　　　)
1×（　）=4	2×（　）=16	5×（　）=10
1×（　）=9	2×（　）=0	5×（　）=35
1×（　）=0	2×（　）=6	5×（　）=45
1×（　）=7	2×（　）=2	5×（　）=0
1×（　）=5	2×（　）=8	5×（　）=20
1×（　）=1	2×（　）=18	5×（　）=30
1×（　）=8	2×（　）=12	5×（　）=5
1×（　）=2	2×（　）=4	5×（　）=15
1×（　）=6	2×（　）=14	5×（　）=40
1×（　）=3	2×（　）=10	5×（　）=25

(　　　)	(　　　)	(　　　)
6×（　）=6	7×（　）=35	8×（　）=48
6×（　）=36	7×（　）=0	8×（　）=64
6×（　）=24	7×（　）=14	8×（　）=56
6×（　）=48	7×（　）=63	8×（　）=16
6×（　）=42	7×（　）=21	8×（　）=32
6×（　）=12	7×（　）=7	8×（　）=0
6×（　）=54	7×（　）=56	8×（　）=72
6×（　）=0	7×（　）=49	8×（　）=40
6×（　）=18	7×（　）=42	8×（　）=8
6×（　）=30	7×（　）=28	8×（　）=24

( )	( )
4÷1=	12÷3=
48÷8=	18÷2=
42÷6=	5÷1=
15÷3=	27÷9=
12÷2=	8÷1=
27÷3=	21÷3=
6÷6=	0÷6=
0÷4=	32÷8=
72÷9=	49÷7=
6÷1=	6÷2=

( )	( )
24÷4=	56÷8=
0÷2=	18÷3=
63÷9=	12÷6=
0÷3=	7÷1=
9÷1=	6÷3=
16÷8=	54÷6=
35÷5=	3÷1=
42÷7=	45÷5=
24÷6=	10÷2=
0÷9=	40÷5=

(　　　)	(　　　)	(　　　)
35÷5=	2÷1=	56÷8=
10÷2=	56÷7=	0÷9=
42÷7=	12÷4=	15÷5=
24÷6=	30÷5=	64÷8=
8÷2=	9÷9=	14÷7=
28÷7=	14÷2=	0÷5=
4÷2=	24÷8=	21÷7=
7÷7=	9÷3=	48÷6=
40÷8=	45÷5=	36÷4=
25÷5=	16÷2=	30÷6=

(　　　)	(　　　)	(　　　)
0÷8=	20÷4=	8÷4=
18÷6=	54÷9=	24÷3=
16÷4=	2÷2=	8÷2=
35÷7=	0÷7=	15÷3=
18÷9=	4÷4=	20÷5=
3÷3=	63÷7=	81÷9=
45÷9=	36÷9=	32÷4=
28÷4=	10÷5=	8÷8=
16÷2=	72÷8=	0÷1=
36÷6=	1÷1=	5÷5=

混合計算

(　　　)

54÷9=
48÷8=
28÷7=
56÷8=
63÷9=
42÷6=
72÷8=
45÷9=
32÷8=
56÷8=

(　　　)

7+8=
11−6=
9+8=
15−9=
8+6=
17+8=
9+5=
14−7=
5+8=
13−6=

(　　　)

6+（　）=15
（　）−8=7
5×（　）=35
（　）÷4=4
9+（　）=23
（　）−5=11
6×（　）=42
（　）÷3=7
5+（　）=14
（　）−2=8

(　　　)

（　）+8=14
16−（　）=7
7×（　）=56
28÷（　）=7
7+（　）=13
13−（　）=8
9×（　）=63
42÷（　）=7
（　）+9=17
14−（　）=7

(　　　　)

8+7=
9+6=
4+8=
6+6=
8+5=
7+9=
6+7=
8+6=
9+4=
3+8=

(　　　　)

11−7=
13−6=
16−8=
14−5=
12−4=
11−3=
17−9=
15−7=
14−9=
13−8=

(　　　　)

7×8=
6×7=
7×4=
9×6=
8×9=
6×8=
9×9=
9×7=
8×6=
7×7=

(　　　　)

9×8=
48÷6=
8×7=
28÷7=
6×9=
56÷8=
7×9=
42÷6=
8×4=
36÷6=

(　　　　)

28÷7=
6×8=
7+5=
11−8=
56÷7=
6×9=
8+7=
15−6=
18÷3=
4×9=

(　　　　)

8+7=
72÷8=
11−4=
9×7=
9+6=
48÷6=
15−7=
7×6=
4+7=
12−8=

オススメ楽習④
漢字探し

漢字アレルギーが消えるゲーム

国語が苦手という子は、漢字が苦手ということが多いもの。漢字アレルギーをなくし、「漢字っておもしろい！」と思ってもらうために、オススメなのが「漢字探し」です。

左のような図を描き、この中にどんな漢字があるか探します。制限時間は5分。ぜひ親子でチャレンジしてください。

あるご家庭にやってもらったところ、お母さんが見つけた漢字は10個。小学3年生の娘さんが見つけた漢字は17個でした。

お母さんから見れば、「それは違うんじゃない？」と思う漢字もあったそうですが、二人が書いた漢字を見た私は、「いやいや、それはお母さんの頭が固いだけです。娘

この図からどんな漢字が見つかる？

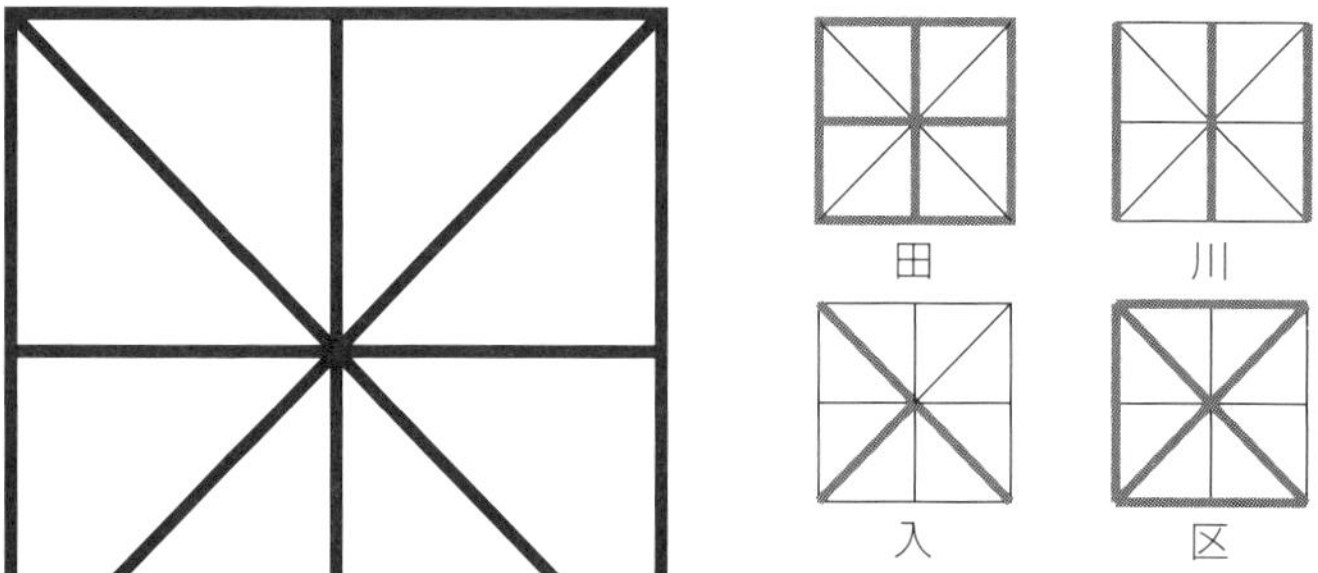

一、二、三、米、土、口
…他にもたくさん

さん、すばらしいですよ！」と称賛しました。

それぞれ漢字を探している間もゲーム感覚で楽しかったそうですが、答え合わせをして、お互いの結果を見ながらわいわい盛り上がるのも、親子ともにとても楽しかったそうです。

これも、毎日やっていると、見つかる漢字がどんどん増えてきます。**教科書や辞書を見てもＯＫ**。そうすれば、辞書引きの習慣もつきます。

ちなみに、今までの最高はなんと１５７個！

先ほどのお母さんの言う通り、こじ

つけもあります。けれども、大切なのは子どもたちのやる氣。見つけようとすることで、発想が豊かになり、漢字がぐんと身近になります。

漢字辞典を引くようになったり、親に漢字を聞くようになったりします。

ぜひ、親子でやってみてください。

子どもの方が、頭がやわらかいのがわかります（笑）。

オススメ楽習⑤ 漢字パドル

楽しみながら漢字に強くなる

「漢字パドル」とは、次ページのような3×3のマスに漢字があり、真ん中の空白に入る漢字が何か見つけるパズルです。たとえば「山」を中に入れると、「下山」「高山」「山道」などの熟語が8つ完成します。

これはどの子も必ず夢中になります。辞書を引くのもOK。楽しみながら、どんどん漢字に強くなります。

私が作ったものを122・123ページにいくつか載せておきます。親御さんも簡単に作れると思います。小学校で習うのは基礎的な漢字なので、熟語も多くすぐに思いつくでしょう。

子どもに問題を作らせるのもいいです。その場合には、親が解くというよりも、自分でパズルを完成させることになります。

その際、8つのマスを埋めるだけの熟語を探すのは、ちょっとハードルが高いです。

そこで、左ページのような**花の形で作らせると、子どもは喜びます**。

花びらなら自分で数を決められるので、ときに10個以上だったり、3つだけだったりします。

きれいに色を塗ったりして、子どもは楽しく完成させます。

こういうちょっとした工夫で、子どものやる氣は上がるものなのです。

当てはまる漢字を探す「漢字パドル」

下	高	雪
場		村
車	道	岩

（答え：山）

子ども自身に作らせるのもいい

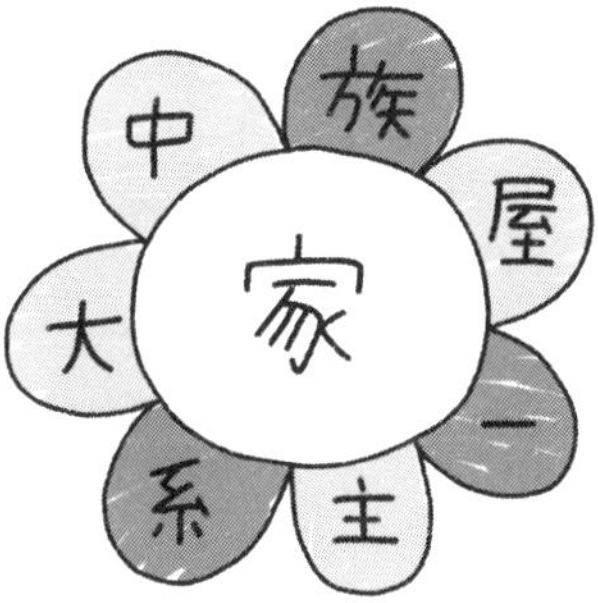

お花で書かせると喜ぶ

5

強	幸	不
勢		送
命	転	動

6

日	観	月
夜		後
速	線	景

7

倍	増	追
参		工
法	減	盟

8

勇	力	武
富		官
風	分	道

(答え) 1.青　2.章　3.福　4.遊　5.運　6.光　7.加　8.土

1

保	食	体
教		発
児	英	成

2

社	文	校
楽		記
票	句	節

3

至	幸	祝
多		大
徳	利	豆

4

回	周	西
外		牧
園	歩	学

オススメ楽習⑥
漢字フラッシュカード

一瞬だけ見せてパッと答えさせる

104ページで紹介したフラッシュカードは、漢字の勉強にも応用可能です。漢字は書き取りも大切ですが、まずは「見て、読める」ところから。

「橋」「病院」といった新出漢字を書き、裏に読み方を書きます。

最初は、漢字を見て親子で一緒に読むといいでしょう。声を出すのが大事です。テンポよく進めていきます。

慣れてきたら、新しいゲームです。漢字の方を子どもに一瞬だけ見せ、パッと答えさせます。

クイズとなると、子どもも張り切ります。**一瞬しか見られないので、集中力が身に**

カードの表を見せて答えさせる

	新出漢字	対義語	四字熟語	部首
表	病院	過去	十人十色	氵
裏	びょういん	未来	じゅうにんといろ	さんずい

つきます。反射力、動体視力のトレーニングにもなります。

つっかかったり、わからなかったりしたら、親が言います。そのあとで子どもに復唱させればいいでしょう。

この方法は、十二支の漢字や、四字熟語、部首などを書いてアレンジできます。

覚えることは、すべての基本です。楽しくゲーム感覚で、毎日少しずつやれば、できない子でも少しずつ覚えていきます。

宿題アレンジ①
計算・文章問題

ちょっとの手助けで理解できるように

算数の宿題では、ドリルなどの計算問題や文章題の出ることが多いと思います。宿題を楽しくする工夫として、まずは問題を区切ったり時間を制限することです。20問あるなら、「この3問だけやろう」「3分で5問解こう」といった具合です。たったこれだけでも、子どもが「やろうかな」という氣になります。

また、**筆算の問題では、線を引いて位を分けてあげます**。それぞれのケタで別々に計算すればよくなり、繰り上がりでつまずいている子にはとても効果的です。

文章題は、「絵を描く」のがポイント。実際に絵で描いてみることで、かけ算やわり算がリアルなものとして頭に入ってきます。

宿題アレンジ—算数・計算問題

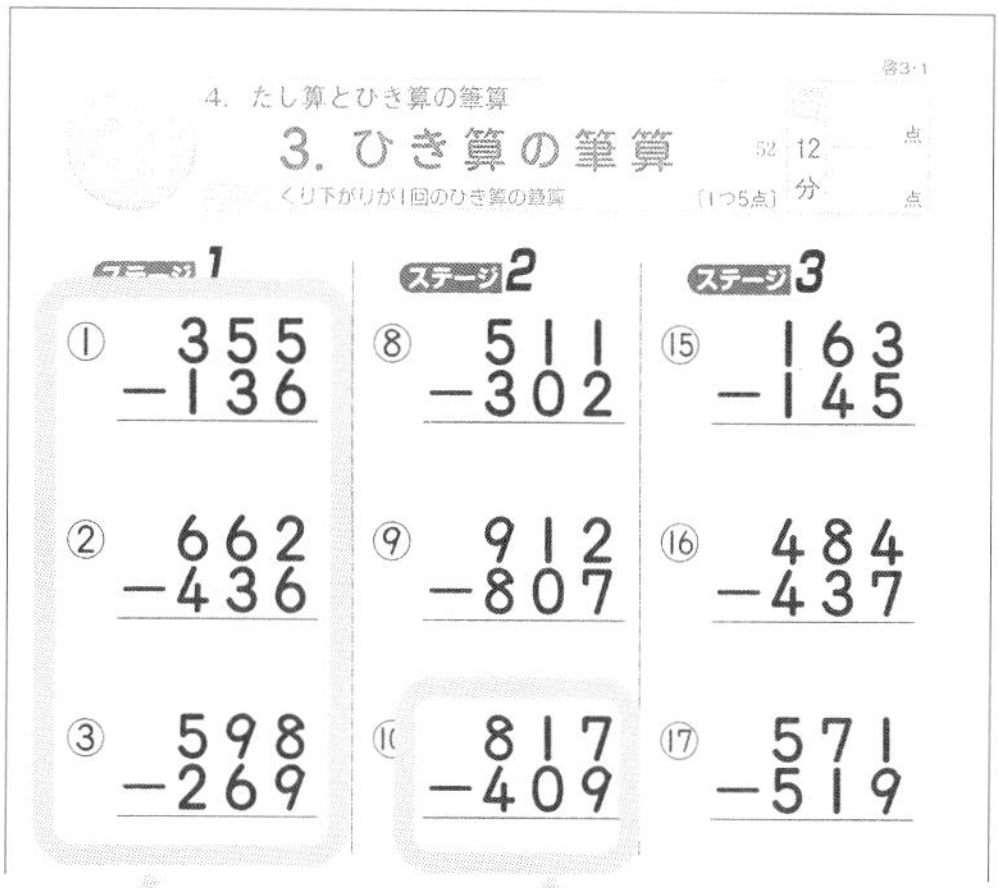

答3-1

4．たし算とひき算の筆算

3．ひき算の筆算

52　12分

くり下がりが1回のひき算の筆算　（1つ5点）　点　点

ステージ1

① 355 −136

② 662 −436

③ 598 −269

ステージ2

⑧ 511 −302

⑨ 912 −807

⑩ 817 −409

ステージ3

⑮ 163 −145

⑯ 484 −437

⑰ 571 −519

問題を区切る

「この3問だけやってみよう」
「3分で解けるかな？」

筆算は位に線を引いてあげる

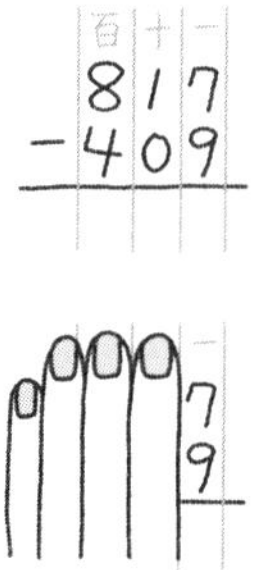

こうすると
計算しやすい

繰り上がりが
苦手な子には…

他の位以外を
指で隠してあげる
「この位だけ見てみて」

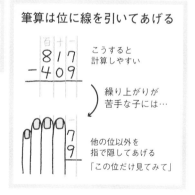

宿題アレンジ―算数・文章題

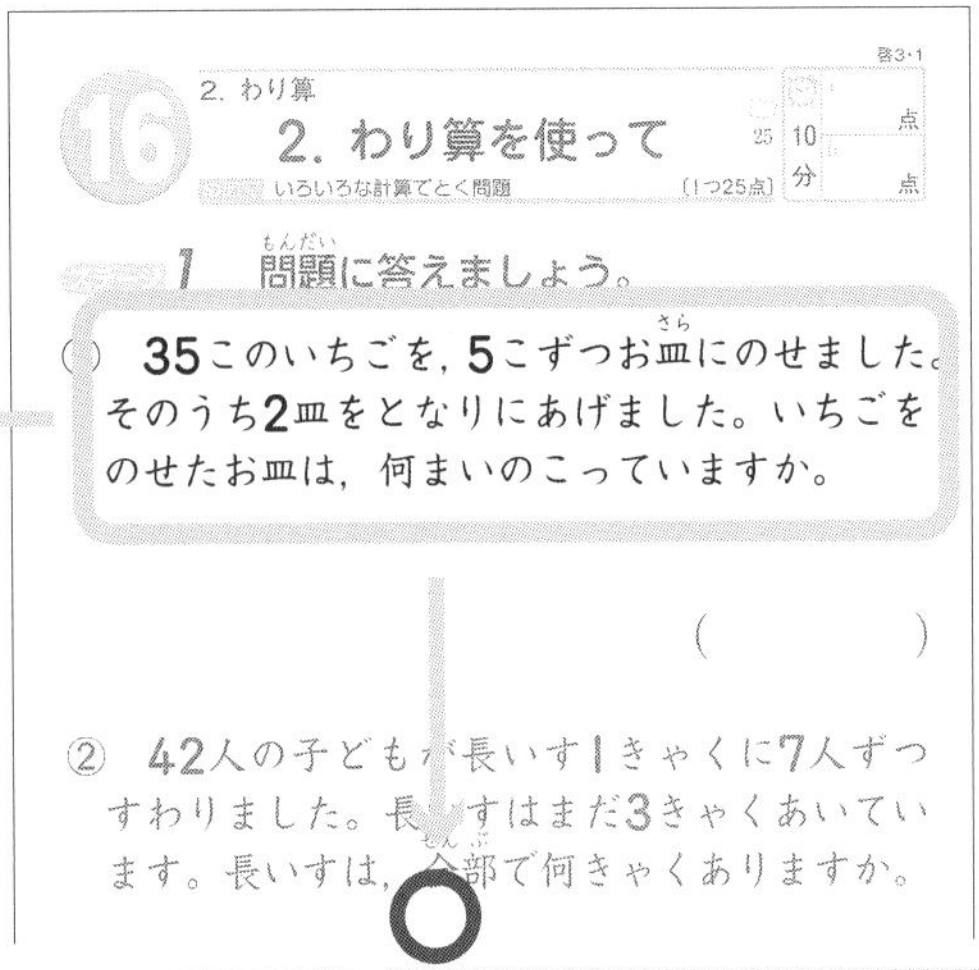

答3・1

16 2. わり算

2. わり算を使って

いろいろな計算でとく問題 〔1つ25点〕

25 10分 点 点

1 問題《もんだい》に答えましょう。

① 35このいちごを，5こずつお皿《さら》にのせました。そのうち2皿をとなりにあげました。いちごをのせたお皿は，何まいのこっていますか。

( )

② 42人の子どもが長いす1きゃくに7人ずつすわりました。長いすはまだ3きゃくあいています。長いすは，全部《ぜんぶ》で何きゃくありますか。

×

いきなり計算を求める

「35を5で割ったらいくつ？」
「お皿は全部で何枚あるの？」
計算が苦手な子には
チンプンカンプン

○

楽しく絵を描くように仕向ける

「いちごを5個ずつお皿に乗せるんだね」
「何枚お皿があるかわからないけど、
とりあえず絵を描いてみよう。
いちごをかわいく描いてね」…

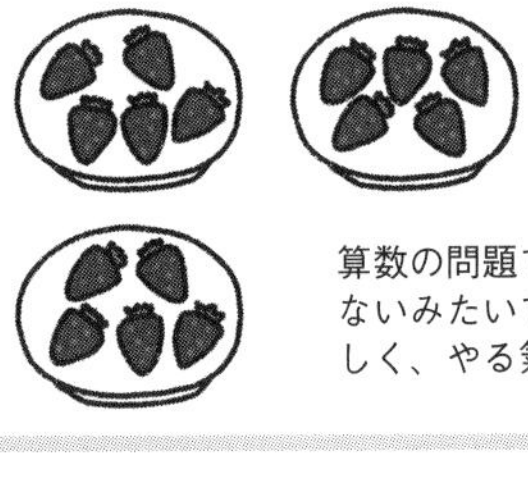

算数の問題ではないみたいで楽しく、やる氣に

宿題アレンジ②漢字の書き取り

「そら書き」が楽しい

国語の宿題としては、後に述べる音読と、漢字の書き取りがほとんどだと思います。漢字の書き取りは、「さっさとやってしまって終わらせよう」と思っている子がほとんど。けれども、「ただ書くだけ」では身につかないし、楽しくもありません。

これもちょっとした工夫で楽習になります。

たとえば、鉛筆で紙に書くかわりに、指で机や空中に「そら書き」させたりします。あるいは、尻文字で「何て書いたか」の当てっこをしたり。子どもは大受けです。

「旅館」という漢字なら、「おばけが出そうな旅館を書こう」と、細かくふるえた字で書かせたり。**宿題で遊んでしまうのです。**子どもは驚くほど集中します（笑）。

宿題アレンジ―漢字の書き取り

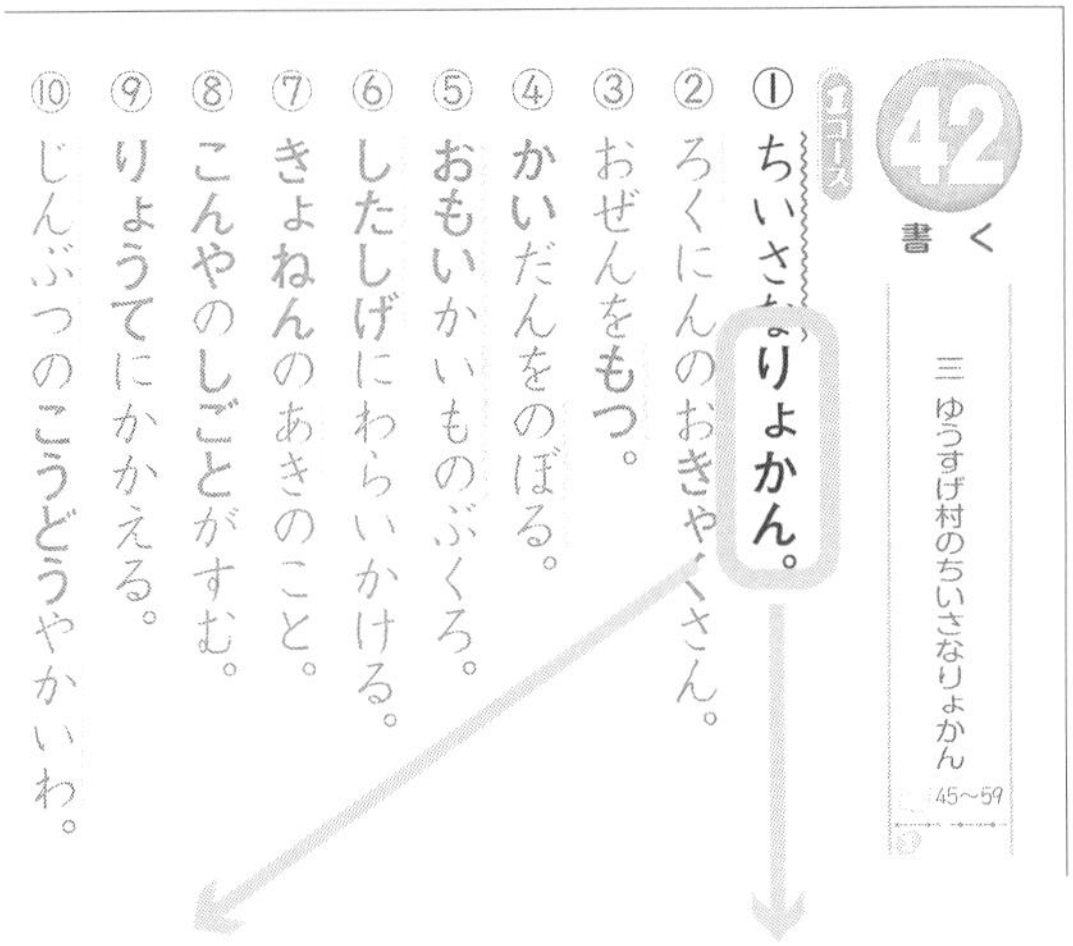
42 書く
三 ゆうすげ村のちいさなりょかん 45～59
① ちいさなりょかん。
② ろくにんのおきゃくさん。
③ おぜんをもつ。
④ かいだんをのぼる。
⑤ おもいかいものぶくろ。
⑥ したしげにわらいかける。
⑦ きょねんのあきのこと。
⑧ こんやのしごとがすむ。
⑨ りょうてにかかえる。
⑩ じんぶつのこうどうやかいわ。

言葉の意味について
ふくらませる

「りょかんってホテルと同じ
泊まるところだよ」
「畳があって布団で寝るところ」
「他にも“宿”って言い方が
あるよ」…

おもしろく書いてみる

「これはどんな旅館なのかな？」

「おばけが出るかもね。

おばけが出そうな字で書いて」

宿題アレンジ―漢字の書き取り（筆順）

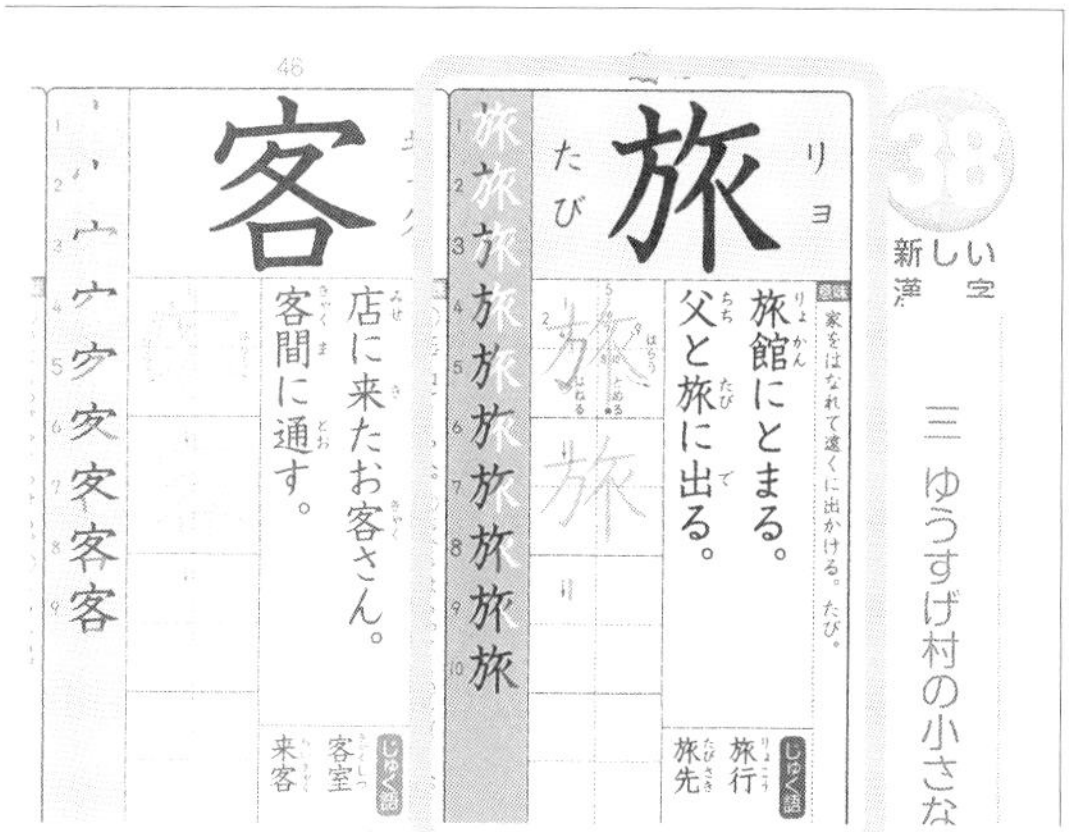

「そら書き」させる

「大きく空中に書いてみて」

プラスαで広がりを

「この字の偏は何？」

「他に同じ偏の字を知ってる？

辞書で調べてみよう」…

宿題アレンジ③
音読

●「超高速読み」で盛り上がる

音読の重要性は、今あちこちで言われています。音読の宿題も出されるのが普通になってきています。

実際に、音読は国語に限らず、あらゆる勉強において基本です。私の授業では、教科書だけでなく計算問題も声に出して読ませています。

さて、音読の宿題ではたいていの場合、ちゃんと子どもが音読したかどうか、親のチェックが課せられているようです。

その際、たとえば「大きな声ではっきり読んだか」「間違えずに読めたか」「感情がこもっているか」などのチェック項目があったりします。

たしかに、そのような読み方が「正しい」読み方かもしれません。けれども、そうした読み方は子どもには退屈なのです。結局、まったく集中せず、ただ字面を追って読むだけになりがちです。

そこで、音読の宿題を楽しくする方法です。

まずオススメしたいのが、「超高速読み」です。

どれだけ速く読めるか、限界に挑んでもらいます。「ここまでを10秒で読んでみよう」などと、時間制限を設けるのもいいでしょう。どちらが速く読めるか、親子で競争してもいいです。

これはかなりおもしろく、子どもはみなゲーム感覚で楽しみます。

音読とは、ゆっくりていねいに読むのが大切。速く読むなんて邪道。そう思う方も多いでしょう。

しかし、**速く読むには集中力がいりますし、言葉や漢字をちゃんと知っているからこそできること**です。

実際に、速く読もうとすると、たいていの子がつっかえつっかえになります。これを高速でスムーズに読めるようになったら、相当な力がついています。

宿題に出ている音読する文章が長めのとき、ゆっくりていねいに読んでいたら途中でダレてしまいます。そこで「2分で読んで終わらせよう」などと時間で区切ると、子どももやる氣になるものです。

あるいは、「この3行だけ心をこめて読んでみよう」と、読む量を減らしてあげるのもいいでしょう。少ない量でも、集中して読むことができたら、大きな力になります。

勉強は子ども部屋ではなくリビングで

家族が集まる場所だから頑張れる

これまで述べてきたように、勉強はどこでもできます。一緒に勉強するのなら、子ども部屋よりもリビングの方がお母さんにとっても好都合かもしれません。台所で用があっても、すぐに立っていくことができます。

それに「自分の部屋に行って、勉強しなさい」では子どもが動かないのは、そろそろわかってきましたよね？

どうしても一緒に勉強ができないときがあっても、リビングで勉強すれば、台所でご飯を作りながら、皿を洗いながら、隣りで洗濯物を畳みながら（要は家事をしながら）、子どもに声をかけられたらすぐに応じられます。

一緒に勉強しなくてもお母さんが氣にかけてくれているのがわかるので、子どもは安心します。

私もかつて、わが子の勉強に付き合っていた頃は、リビングの同じテーブルで書き物をしたりしていました。たまに「この問題どうやって解くの？」と聞かれて答えていました。

親が同じ空間にいるというだけでも、子どもには心強く、集中力も続きます。

いつも宿題はダラダラと子ども部屋でやっていた、小学2年生の女の子の話。

ある日リビングで、年長の弟が氣まぐれにたし算をやって親にほめられ、ますますやる氣になっているのを見ました。

そんな弟を見て、この女の子の闘争心に火がつきました。いつもは子ども部屋でやる宿題を、リビングで、弟の隣りに座って急に集中してやり始めたのです。

お母さんは向かい側で「私はお仕事するね。一緒に頑張ろうね」と声をかけました。

その日から三位一体（？）のリビング学習が続き、娘さんは今までより集中して宿題をやるように変わってきたそうです。

リビングで勉強

よくよく話を聞けば、対外的には「お姉ちゃん」としてしっかり者ですが、実は一人を寂しがる性格。

そして、とても負けず嫌いな子でした。だから、弟に負けまいと、宿題をし出したのです。

それ以来、お母さんは休みの日に時々、同級生を招いて、リビングで勉強会を開くようになったそうです。

子どもにとって、ひとりぼっちは寂しい→やる氣が出ない、という回路があります。

大人だってそうですよね。習い事など始めたとき、仲間がいると続けられることがあるでしょう。

闘争心もそうですが、お互いに励まし合えることも、モチベーションを保つには大切なことだと思います。

子どもの通信教育が長続きしなかったり、効果が出ない理由も、ここにあるのではないでしょうか。

子どもによほど信念がないと、「ひとりぼっち」の通信教育で成果はでません。

家庭学習も、孤独にひとりでやると、寂しいし、いろいろ氣が散って集中できません。リビングなら人がいるから教室と同じ感覚で、頑張れる率がアップします。

家庭学習はリビングで。

ひとつでもできたら、たくさんほめてあげよう

まとめて丸つけより全部に丸を

子どものやる氣を上げるには、ほめてほめてほめてほめまくることです。

親から見たら、小学生の勉強は簡単でしょう。「できて当たり前」、「できなかったら大変」なものかもしれません。

けれども、子どもにとっては決して「できて当たり前」ではないのです。

親はつい、できないことにばかり目がいってしまいます。「どうしてこんな問題ができないの？」と、子どもの間違いを責めてしまいがちです。

それよりは、**「できていること」に目を向けてください**。

1問できただけでも、「よくできたね！」と最初は大げさなくらい、ほめるのです。

1問ずつ、惜しみなく丸つけを

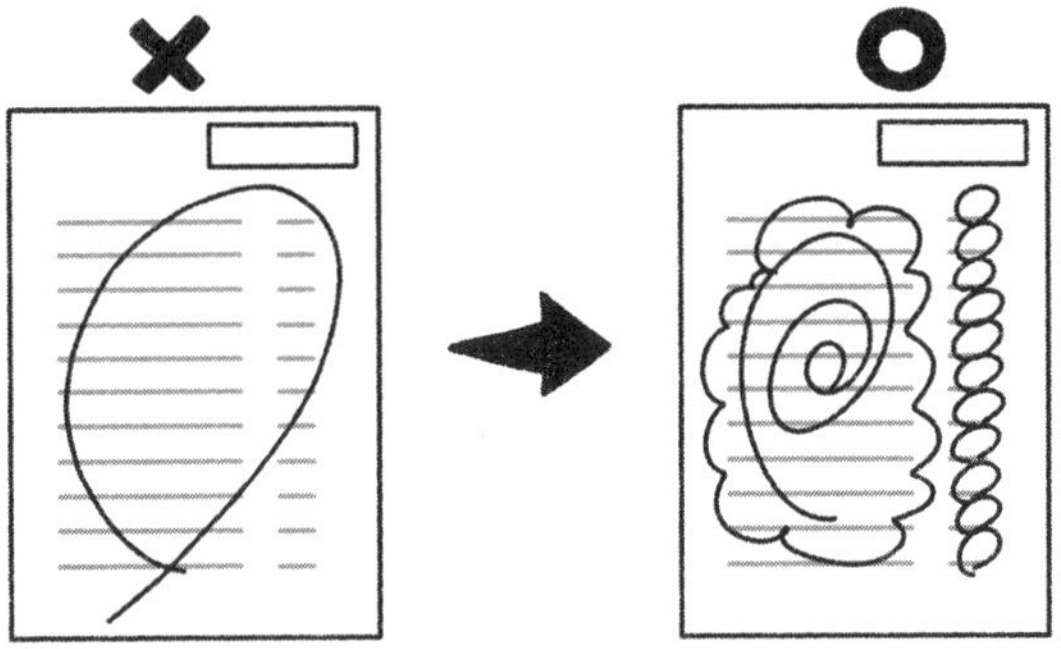

大きくひとつだけ丸ではなく…

1問ずつに丸で子どもは喜ぶ

たとえ他の9問が間違っていたとしてもです。

そして、ぜひ丸つけをしてあげてください。**子どもは丸つけをしてもらうのが大好きです。**それだけで、子どものやる氣は全然違ってきます。

問題が10題あったとして、すべて正解したら大きな丸をひとつつける、というのではなく、1題ずつ丸をつけましょう。「できたこと」に目を向ける親の姿勢が子どもを伸ばします。

10題中9題までは正解なのに、ひとつ間違っただけで丸をもらえない、というのは、子どもにとってはとても残念なことです。がっくりきます。

丸つけは1題ずつ。できた問題には1問1問、丸をつける。花丸も惜しみなくつけてあげましょう。

子どもはそれだけで、誇らしい顔をします。

親の愛が伝わります。

ときには丸に顔を描いてあげると、子どもは大喜びします。**ブタの顔を描いたブタ丸も大受け**です。

そんな小さな工夫も、勉強を楽しくする仕掛けになるのです。

何でもプラスに言い換える

子どもをやる氣にさせるのがプラスの言葉です。

言葉かけは大事です。言葉かけひとつで子どもは変わります。

どんなことでもプラスの表現をしていくと、結果もプラスになっていきます。

「宿題しなさい」というかわりに、

「終わったら一緒にテレビ見ようね」「さっと終わらせておやつ食べようか」「今日は

「何分でできるかな?」

「早くしなさい」というかわりに、

「早送りー!」「制限時間あと5分です」

言い方のバリエーションはいくらでもあります。

言葉かけだけで、やる氣が出て学力が上がるなら、儲けものです。

たとえばテストの点数。

「60点しかとれないの?」ではなくて、

「60点もとれたなんてすごいね! あと40点とったら100点だよ!」

言うとおりにできないときは「ちゃんと言ったとおりにやりなさい!」ではなくて

「ここの、このところのやり方が違うね」

なかなか先に進まないときも「まだできないの?」は禁物で、

「ここまでできるようになってすごいね!」

何でもプラスに言い換えます。

これができれば、子どもは見違えるように変わり、やる氣で満たされます。

第4章

毎日の生活に「勉強のタネ」はたくさんある

机に向かってする勉強だけが勉強ではありません

普段の生活の中で、遊びの中で

「宿題の時間」「勉強の時間」と決めてしまって、机に向かってする勉強だけが、勉強ではありません。普段の生活の中で、遊びの中で、学べることはたくさんあります。

生きることは、すべてが勉強。

実生活の中には、親が教えられることがいっぱいあります。

たとえばお湯をわかしているときに、湯氣が出たら、

「この白いのは煙じゃなくて、水が空氣みたいになったもので、『水蒸氣』っていうんだよ。じゃあ、水が凍ると何になるかな？　正解！　『氷』っていうよね。水って、形を変えると名前も変わるんだね」

と会話すれば、理科の勉強に。

ニュースを見ていて出てきた地名も、「ここは温泉で有名な町だよ」「県庁がある市だね」という会話をすれば、たちまち社会の勉強に。

きゅうりを切ったときに断面を見て、「まっすぐ切ると円になるけれど、ななめに切ると楕円になるね」という会話をすれば、図形問題を理解するヒントになり、算数の勉強になります。

普段の生活の中で、子どもが興味を示したことに、すかさず反応して、そこを掘り下げてみる。そうやって、「もう一歩」踏み込んでみることで、子どもの知識、好奇心はどんどん広がっていきます。

「何でも教材にしてやろう」という心がけが大切です。

ただし、「ちゃんと教えなくちゃ」と堅苦しく考える必要はありません。やりすぎては子どももイヤになります。さりげなく、ほんの少し加えるくらいでいいのです。

親子で楽しみながら教えることで、子どもだけでなく、親もまた学ぶことが多いと氣づかされます。

言葉や漢字は教科書以外で覚える

看板やポスターを片っぱしから「読む」

普段の生活に勉強のヒントがある例として、「読む」ということがあります。

子どもは、文字を覚え始めると、街中の看板を片っぱしから読みませんか？

ひらがなに興味を持ち出したときは、ひらがなの看板ばかり見つけて読みます。カタカナに興味を持ち出すと、カタカナの看板を片っぱしから見つけます。

そして、漢字を覚え始めると、これまたセンサーが働くのか、読めそうな漢字のある看板をうまく見つけて読みます。

あまり読んでほしくない看板やポスターの文字とか、人の家の表札とかを、大声で読まれたときは恥ずかしいですが（笑）、こうした「読みたい」という好奇心は大事にしたいものです。

たとえば、「駅」というものが何であるかも、「えき」という言葉も知っている子どもが、学校で「駅」という漢字を初めて習ったとします。

いつも通りすぎる近所の駅の前を通ったとき、「○○駅」と書いてあるのを見て、「そうか！　○○えき」って書いてあったのか！」とわかったときの喜びは、いかほどでしょう。

自分がすでに知っているものと、初めて知るものがつながり合ったとき、とても心地良い興奮を覚えるはずです。

だから、子どもに読めない字があって「お母さん、これ何て書いてあるの？」と聞かれたら、「まだ習っていない難しい字だから、いいの！」と言って通りすぎないで、ちゃんと教えてあげてください。

忘れても、「こないだ教えたでしょ！」と言わないでください。忘れたからって、またゼロに戻っているわけではありません。繰り返すうちに、記憶が少しずつ刻まれています。「読む」ことが楽しいなら、そのうちスラスラと読めるようになります。

チラシで漢字探しゲーム

そうやって、普段の生活の中で「生きた」文字に触れることで、子どもはどんどん言葉や漢字を覚えていきます。

一緒にスーパーに買い物に行き、魚売り場で魚の名前や漢字を教えてあげます。「魚はどれも魚偏がつくんだね」「魚と春でサワラって読むんだね」「イワシは弱い魚って書くんだね」と、知識が広がっていきます。

まだ習っていない漢字でも、知っていることで子どもには大きな自信になります。

オススメしたいのは、チラシで漢字を探す遊びです。

スーパーなどのチラシで、**「知っている漢字にペンで○をつけよう」と誘います。**

制限時間は5分。親子で競争するのもいいでしょう。新聞に載っている広告で漢字探しをするのも方法です。

こうした遊びで、知識が確実に定着していくのです。

あちこちの文字を「読む」

家中にポスターや紙を貼って「ながら勉強」

窓に「窓」の漢字、壁に日本地図…

これまで繰り返し述べてきたように、私は「机の前にちゃんと座って、しっかりお勉強」が絶対とは思っていません。立っていようが歩いていようが、頭さえバッチリ働いて集中できていればいいのです。

そこで、「ながら勉強」をオススメしています。

英語を覚えるときに、家の中のすべてのものにその名前を英語で書いて、貼りつけて覚えたという知人がいます。これは、国語の勉強にも応用できます。

机に「机」、花瓶に「花」、米びつに「米」などと、漢字で書いた紙を貼る。

看板の話のところでも言いましたが、「つくえ」というものを知っていて、それを

部屋のあちこちに「貼って」覚える

漢字を書いた紙

楽習ポスター

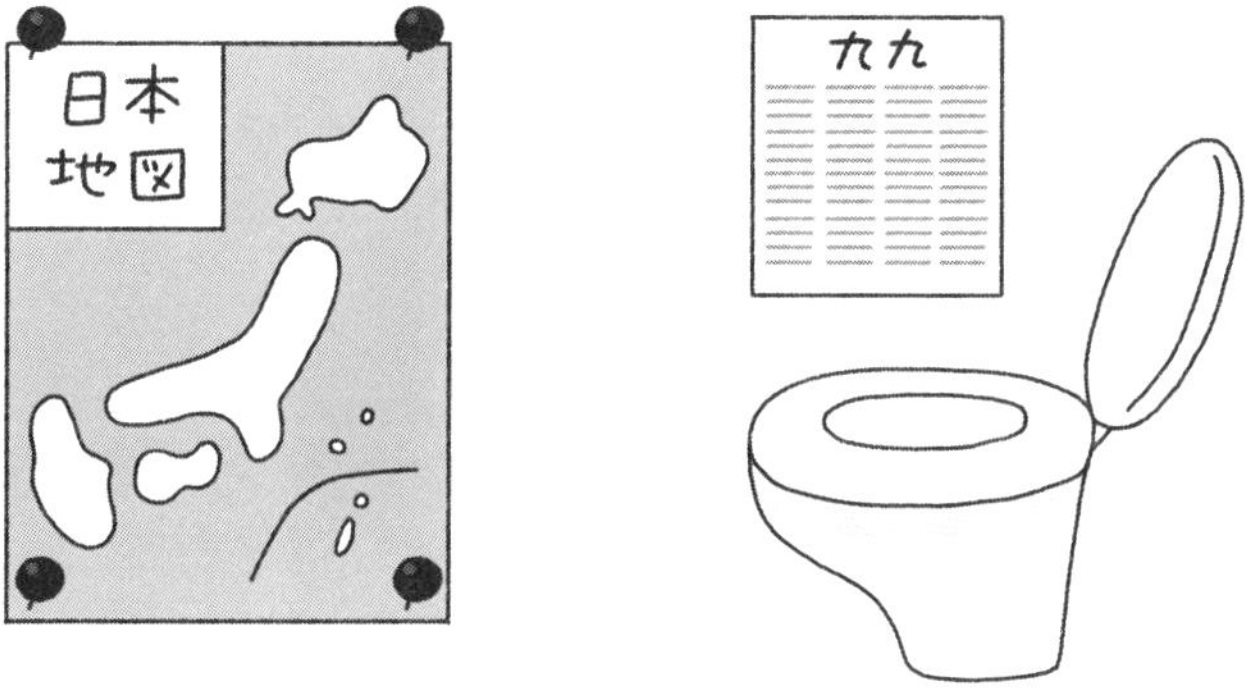

漢字で書くと「机」となることを、ムリヤリ覚えるのではなく、目で見て感覚的に知ると、自然に覚えられるでしょう。

テーブルについてご飯を食べ〝ながら〟、机という漢字を覚えてしまえるわけです。

他にも、こんなアイデアがあります。

リビングに日本地図を貼り、県庁所在地を書いた付箋を、それぞれの県の上に貼っておく。

廊下に九九を貼っておく。年表を貼っておく。漢字一覧を貼っておく。

目につくところに覚えたいものを貼って、すきま時間にクイズ形式で勉強します。県庁所在地などは10回正解したら、覚えたとみなして付箋をはがすといいでしょう。そうすれば苦手な県だけが残ります。どこまで覚えたか、できるようになったか、成果も目に見えて一石二鳥です。

他にトイレに入り「ながら勉強」は、トイレに九九のポスターを貼るなどして、実践しているお宅も多いのではないでしょうか。トイレは一定時間入っているものだし、個室で他に何もないので、意外と集中できるんですね。
あとは、お風呂に入り「ながら勉強」。あるご家庭では、湯船に入って百を数える
かわりに、九九を唱えることを毎晩やっているそうです。

いかがですか、「ながら勉強」。まだまだ工夫がありそうですね。
ひとつひとつは短時間で、「勉強をしている」という感覚も少ないので、子どもも
自然に取り組めて、それこそ楽しい学習になるのではないでしょうか。

理科も社会科も「現物を見る」のが近道

外を歩いて発見。家の中で実験

今の子どもには、体験が少ないと、個人的に思います。

昔よりも情報があふれていて、とても便利な社会になったとは思います。

しかし、パソコンやスマートフォンを使って、知らないことをすぐに検索できるのは便利だけれど、現実にそれを見るという体験が欠けています。画像や映像を見ただけで、「知っている」と思い込んでしまうのは、悲しいことではないでしょうか。

教科書を広げて詰め込む知識だけが勉強ではありません。

机上の勉強よりも、実際に見たり聞いたり、体験したりすることの方が、はるかに定着します。「現物を見る」ということが何より大切なのです。

たとえば、社会科（生活科）で習う道路標識なら、実際に外で見るのが一番。一緒に散歩に行き、標識を確認してみましょう。

町を歩き、じっくり観察すれば、いろんなものが見つかります。たとえば、マンホールはなぜ四角ではなく丸なのか。なぜガードレールがあるのか。自転車は車なのか、そうではないのか……。

親からちょっとした疑問を投げかけることで、子どもの興味関心、知識もどんどん広がっていきます。

地図がなかなか頭に入らない、都道府県や県庁所在地が覚えられないという子には、旅行に連れて行くのが最適です。どこにどんな山があるか、川が流れているか。自分が行ったことのある場所だから、はじめてリアルに感じられるものです。

理科なら、虫眼鏡を持って生き物や植物を見つけに公園や自然へ。また、アリの巣を観察できるキットなどを使い、虫を飼ってみるのもオススメです。**目で見て確認するのが、何より早いのです。**

さらに、家で小さな理科の実験もできます。熱湯を入れてあたためた牛乳ビンに、ゆで卵でフタをします。しばらくすると、ゆで卵がビンの中に吸い込まれていきます。これは圧力の実験です。ちょっとした手品のようで、授業でやると子どもたちに大受けです。

美術館や博物館へも足を運ぼう

「現物を見る」のに大変役に立つのが、動物園、美術館、博物館です。教科書や絵本では、動物や美術品の写真や絵を見ることができますが、それを現実に目の前にあるものとしてもう一度見ることで、記憶は定着します。絵や写真で見たものが、そのまま、現物として目の前にある。これほど良い勉強はありません！

こんな話があります。

教科書の写真で何度も見ていた銅像を、実際に美術館で見た子どもたちが、「こんなに大きいものだったんだ！」「うしろはこうなっていたんだ！」「指の先まで、とても細かく作られているんだね」と、いちいち感動していました。

そう、**写真は優秀ですが、すべてを伝えきれているとは言えません**。

教科書の写真で興味を持った銅像を、実際に見ることで、興奮し、さらに興味をそそられている子もいれば、写真を見たときにはさほど興味をそそられていなかったのに、この日以来、がぜん興味を持ち始めた子もいました。

そして、それをきっかけに、他の銅像にも次々に興味を持ち、それが知識になり、かつ図工の時間の粘土細工へも影響していきました。

勉強は曼荼羅的に広がっていくものです。

何がきっかけになるか、わかりません。

そのきっかけの種を、なるべくたくさんまいてあげるのが、親の役目と言えないでしょうか。環境さえ作ってあげれば、子どもは興味を持つことを見つけ、勝手にぐんぐん伸びていきます。

そして、親も一緒に楽しみましょう。

美術館や博物館に行けば、親ですら知らないことがたくさんあります。

一緒に驚き、感心し、楽しんでください。

親の姿を見て、「知らないことは、恥ずかしいことではない」と、子どももわかります。

それがわかれば、「知りたい！」という欲求があとからあとから湧いてきて、曼荼羅的にどんどん興味の対象が広がっていきます。

一度行った美術館や博物館でも、子どもが「もう一度行きたい！」と行ったら、「え？前行ったからいいでしょ」なんて言わずに、できる限り連れて行ってあげてください。

一度読んだ本でも、二度目に読むと前とは違う発見に氣づきますよね。

それと同じで、もう一度行くと、新たな発見が必ずあります。

お手伝いは最高の学習になります

牛乳パックで算数を学ぶ

お手伝いは、子どもに生きる力を身につけさせるために必要なものですが、同時に学校の勉強にもつながります。

たとえば、親のこんなひと工夫で、子どもの「容量」の理解が進む例をご紹介しましょう。

計量カップのメモリに、子どもが見やすいようマジックで線を引き、「１００ｃｃ」などと目立つように書いておきます。

たいていの計量カップは「ｃｃ」で表示されており、世間的には「ｃｃ」の方が通っていますが、小学生にとっては「ｍｌ」の方がなじみがあるので、「１００ｃｃ」

と書いてあるメモリの横に、「100ml」と書いてあげてもいいでしょう。その方が、「100cc」=「100ml」と自然に覚えやすくなるかもしれません。

計量カップは、できれば中身の量がメモリを見てわかる、透明のものがいいでしょう。百均で売っているもので、十分です。

子どもに、コップに入れた水を計量カップに移すように言います。コップ1杯が約200ccであることを、子どもは発見するでしょう。

そうしておいて、開けたばかりの新しい1リットル牛乳を、家族みんなのコップに注いでもらいます。

「コップ1杯は200ccだから、家族4人だと、何ccになるかな?」

「じゃあ、牛乳パックに残っているのは何ccかな?」

これだけで、算数の問題になります。

最近は、答えは出せるけれど式を立てられない子どもが増えていると聞きます。

しかし、こうやって**自分の手を使って体感することで、式を立てることが簡単になる**でしょう。

算数の勉強を台所で

コップ１杯の
牛乳は何 cc かな？
200cc
だね
４人分入れたら
全部で何 cc?
200cc が４つだから
800cc!

計量カップの次は、計量スプーンを使って調味料を入れてもらってもいいでしょう。「大さじ1杯は小さじ3杯で、15ccだよ」と教えると、子どもは具体的な量感をつかみます。量感などは体験しないと身につかないものなので、生活の中で教えることが一番です。

「じゃあ、大さじ3杯は何ccになる？」。こんな出題もできます。

もっと小さいお子さんなら、**お皿をたし算、ひき算に使うのもいい**でしょう。

「うちにはこのお皿が12枚あるんだ。そこから4枚とって。残りは何枚？」

8枚のお皿が残ります。答えは簡単。「8枚！」

「よくわかったね！」とほめます。わかりやすいので子どもに自信がつきます。

料理の手伝いは、いろいろなことが学べます。

女の子だけでなく男の子も小学生くらいまでは料理が大好きです。手伝いも身につくし、これまた一石二鳥の勉強法です。

スーパーは学びの宝庫

スーパーマーケットやショッピングセンターなど日常の買い物も、とても良い勉強になります。「３００円以内でお菓子を買ってきて」と言うと、夢中で計算します。なかにはちょうど３００円になるように、１円の単位までしっかり計算する子も出てきます。


小学校１年生の女の子の話です。

近所の夏祭りのときにお母さんは、娘さんにおこづかいを５００円あげました。

「この５００円で、好きなことをしたり、食べたいものを買ってね」

娘さんは悩みに悩みました。屋台のゲームは１回２００円。よくよく考えてボーリングを１回２００円でしました。暑い夜だったので、ラムネも１本２００円で買いました。あとの１００円は、どうしよう……。まわりを見渡しても、１００円でできる屋台はありません（最近の屋台は高くなりましたね）。

スーパーでたくさんのことを学べる

そこで、同じように500円持ってきて400円使ったお友達と相談し、100円ずつ出し合って綿あめを買い、半分こしました。

ものすごい知恵です！

お母さんは感心しました。そして娘さんをたくさんほめました。

立派な楽習です。

ときに生活の中の楽習は、机に向かってする勉強の何倍も効果を発揮します。

また、**スーパーでは野菜の産地が書いてあったりして、これまた社会科の勉強にもなります。**

「千葉県の県庁所在地は？」「長野県って何地方？」「海はある？」などと、会話を広げることができます。

前述しましたが、品物の名前、漢字を知るのにもうってつけです。肉の種類や部位、野菜や果物の名前……。今すぐ学校のテストに出る知識ではないかもしれませんが、そうしたものこそ大切なのです。

お手伝いも、勉強と同じで、本人がやる氣になることが一番。
うまく乗せて（笑）、楽しくお手伝いさせて、できたら思いっきりほめてください。
楽しければ、ずっと続けてくれますから、知らず知らず学習が進みますし、お母さんも助かりますね。

ちなみに私は、家庭でもよく家事をしています。誰もほめてくれませんが……。大人なので、ほめてくれなくても頑張りますが、ほめてくれたらいいのになあ、こんなにやっているのに……と、いつも思います。

お子さんがお手伝いをしてくれたら、どんなにささいなことでも、どんなに毎日やっていることでも、必ず、ほめてくださいね。

遊びながら頭が良くなるオススメ知育グッズ

部首カルタや地図記号カルタ

市販のもので、遊びながら勉強ができるものがたくさんあります。

今では知育カルタがたくさん出ています。親子で楽しく遊びながら学ぶことができます。

なかでも、『98部首カルタ』（新版・太郎次郎社エディタス）はオススメです。

小学4年生と1年生のお子さんがいるご家庭で、部首カルタを買ったら、1年生のお子さんにはまだ難しかったのですが、もっぱら読み役になって、そ

『新版　98部首カルタ』（太郎次郎社エディタス）

れはそれで、いい勉強になっているそうです。

今まさに漢字を習っている小学生の方が、昔習ったことを忘れている大人よりも優秀だそうで（笑）、いつも小学4年生のお兄ちゃんが勝っているそうです。

『五色百人一首』（東京教育技術研究所）もオススメです。20首ずつ色別に分かれた百人一首なのですが、これがいいのです。百枚だと膨大すぎてやる氣がなくなりますが、「黄色の20首だけやろう」となると、子どもは張り切ります。

その他、カルタには地図記号カルタや都道府県カルタ、ことわざカルタなどいろいろあります。**千円ほどで買えるので、子どもが興味の持ったものを試してみるといいでしょう。**

地図パズルなどもオススメです。

『地図記号かるた』（学研教育出版）

◆トランプで計算力がメキメキつく

トランプは学力をあげてくれる、とても有効なアイテムです。

大貧民やスピード、神経衰弱をするだけでも、集中力や記憶力を鍛えられますが、オススメなのは直接トランプで計算力が身につく遊びです。

元々はマンガ『ドラゴン桜』に載っていたトランプ計算ですが、小学生向けの簡単バージョンにアレンジしました。**出したカードをどんどん足していく**ものです。

ダイヤならダイヤのカードだけ集めます。1（エース）から13（キング）まで、全13枚です。これらのカードを切り、1枚ずつ出していきます。

たとえば最初に2が出たら、「2」と声を出します。そして、次のカードを出し、5が出たら「2足す5は7」と言います。次が1なら、「7足す1は8」となります。どんどんカードを出していきます。全部足すと91になります。

これを**高速でやる**のがポイントです。何秒でできるか、時間を測るのもいいでしょ

カードの数字をどんどん足していく

う。10秒が目標です。

13枚が多いようなら、3～5枚からスタートしてください。タイムが上がるほど、子どもの自信につながります。

ひき算バージョンもあります。1から10までのカードを使います。すべてのカードを足すと55になるのですが、カードを順番に出し、55から引いていきます。

たとえば最初に出したカードが3なら、「ひく3で52」、次に5が出たら「ひく5で47」といった具合です。10枚すべて引いていくと、最後はゼロになります。

これも難しいようなら、3枚程度から始めてみてください。

やっぱり本を読んでいる子は違う

読書が苦手な場合は絵本から

私は勉強が大嫌いでした。

本格的に勉強したのは、教師になってから。必要に迫られてです。

でも、本を読むのは大好きだったので、1日1冊から3冊へと、どんどん読書量が増え、探偵ものから歴史物語、伝記まで、夢中で読みました。

中学生になると、図書館の本をあらかた読みました。

勉強はできなかったけれど、習っていない漢字も読めました。

父親から漢字テストをされた話は、もうしましたよね。

国語の成績だけはよかったです（笑）。

読書は、すべての土台と言われています。見えない学力です。習っていない漢字も自然に覚えられるし、語彙も増え、読解力なども身につきます。

読書が嫌いな子には、絵本から入るのをオススメします。

本を読み慣れない子には、小学生向けの児童書は敷居が高すぎるのです。**6年生でも、絵本からスタートしてかまいません。**図書館に行って、子どもが氣に入った絵本をたくさん借りてきましょう。

自分で読むのももちろんいいですが、最初のうちは読み聞かせを。

「赤ちゃんみたい」と言いつつも、読んであげるとうれしそうです。

そして、**100冊くらいの絵本を読破したら、子どもの反応が違ってきます。**

絵本と言えども、1冊の中で物語の起承転結がちゃんとできています。それにたくさん触れることで、文章構造が自然と頭に入るのです。

そうなったら、国語の成績もぐんと上がってきます。

絵本が物足りなくなってきたら、その子が好きな分野の本をすすめます。物語が好きな子には児童書、歴史が好きな子には伝記、生き物や自然が好きな子には図鑑など……。

子どもが興味を持っている本は、ぜひ大人も読んでみてください。

会話がつながり、共感できる人がいれば、読書はもっと楽しくなります。

辞書をリビングに。事あるごとに引く

家のリビングにぜひ、辞書を常備してほしいと思います。

国語辞典と漢字辞典の両方あるのがベストです。さらに類語辞典などもあると理想的です。

辞書は難しそう、子どもは嫌いなのではと思われていますが、そんなことはありません。知らなかったことを知る喜びが感じられる辞書が、子どもは大好きです。

学校の辞書と同じものでなくてかまいません。子どもに合った辞書を買ってあげてください。**ルビがふってあって、1年生でも読めるような辞書がオススメです。**

リビングにあれば、会話をしながら、テレビを見ながら、子どもが知らない言葉が

出てきたら、すぐその場で引けます。後回しにすると忘れるし、興味を持ったその時にすぐ調べることで、理解が深まります。

たとえば虫が好きな子は、昆虫図鑑を見て「ヘラクレスオオカブト」「コーカサスオオカブト」と虫の名前を自然にどんどん覚えていきます。そんな中で「カブトムシって漢字でどう書くの？」と、ふと聞いてくることがあります。

「国語辞典で見てみようか」と一緒に辞典を見ると、

「甲、兜、冑。３つも漢字あるんだ！　カブトって合戦のときの帽子なんだねー。へー」

漢字の意味を知ることで、今度は歴史にも興味がわいてきます。

勉強というのは本来、こういうふうに曼荼羅的に広がっていくものです。

また、辞書で遊ぶのも楽しいものです。

「○ページを開いて」とページを指定します。

「お母さんが言う言葉を探してね。『あかるい』」

言葉探しゲームです。制限時間は30秒。子どもは必死に探します。親子で一緒に辞書を引き、速さを競うのも楽しいです。

子どもの興味に関わる言葉を探させるのもいいでしょう。

たとえばゲームには「属性」「召喚」「融合」「レア」「モード」「ステイタス」などといった、小学生には難しい言葉や英語が普通に使われています。子どもたちは意味はよくわかっていなくても、ゲームの流れの中で使っています。

そうした言葉をあえて辞書で引いてみることで、「そういう意味だったのか！」「こういう漢字を書くんだ」と、頭の中の回路がつながります。

知識とはこうして増えていくものなのです。

第5章

この先ずっと自分から勉強する子でいるために

中だるみ無縁。やる氣を長続きさせるコツ

少しずつレベルを上げていく

親が何も言わなくても、軌道に乗ってくると、子どもは自分から勉強するようになります。同じ問題を何度も続けていると、完璧にできてしまう達成感から、子どもが「もっと!」と言ってくるようになります。

そんなときは「しょうがないなあ」と、しぶしぶという感じで課題を出します（内心のうれしさは隠してください!）。私の授業はいつもそんな感じです。

短い時間の繰り返しの中で、自分で伸びる手ごたえを感じると「勉強っておもしろい!」「もっとやりたい!」というふうに変わってきます。子どもの方からレベルアップを要求してきます。

それがチャンスです。

親が一方的に「次はこれをやりなさい」と次々に課題を繰り出すと、子どものやる氣はなくなります。でも、子どもが自分から「もっとやりたい！」と言ったときに、すかさずレベルの高い課題を与えると、あっという間にクリアします。

たとえば計算なら、10マス計算の数字を２ケタに上げてみる。漢字なら、○秒以内で書くなど「超高速書き取り」に挑戦させる……。

やらされるのでなく、自分からやるので、確実にその子の力になっていきます。

そのときがくるのを、親はじっくりと待ってください。くれぐれも焦らずに。子どもが「やりたい！」というタイミングを待ってからやると、効果は千倍です。

◆「もっとやりたい！」が出てきたら

次へ次へと行きたがり、どんどんやった結果、息切れしてしまったり、お腹いっぱいになってしまって、「もういいや」となってしまうことがよくあります。

子どもから「もっと」と言われたときは、大人のコントロールが必要です。

たとえば最初は10分しかしなかった勉強を「もっとしたい！」と言い出したとき、一氣に時間を延ばしてはいけません。子どもが「延ばして！」と言ってきたら「じゃあ、あと1分だけね」と少しだけ延ばして、**じらします**。

じらすことで、子どものやる氣はさらに上がります。

子どもがやる氣になって「もっと！」なんて言い出すと、親はうれしくてすぐにでも、どんどん時間を延ばしたり、次々とレベルを上げて課題を出したりしたくなります。でも、子どもの集中力はそこまで続きません。最初からレベルを上げすぎると、持続しないのです。その日はよくても、翌日は反動でまったくしない……では意味がありません。勉強も腹八分目が大切です。

「続きは明日ね」と言って切り上げましょう。「えー!? もっとやりたいのに……」と思うくらいがちょうどいいのです。明日になってもやる氣が持続します。

こうして、子どもの求めに応じて少しずつレベルアップしていけば、勉強に飽きることはありません。中だるみとも無縁です。「数ヵ月は頑張っていたけど、氣づいたらまた勉強しなくなっていた」という事態も避けられるのです。

学校で習っていないことも、どんどん教えていい

6歳で九九が言えた！

学習内容のレベルアップということに関連して、「まだ授業でやっていないことを教えてしまってもいいのでしょうか？」という質問をよく受けます。

学校ではまだ、かけ算しか習っていないのに、わり算を教える。3年生なのに、4年生や5年生の漢字を教える……。

私はこれには大賛成です。学習は、年齢に忠実にする必要はないのです。

本が好きな子は習っていない漢字も次々に覚えてしまうものです。あるお父さんは、毎年4月になって教科書を配られると、すべての教科書を1週間で全部読んでしまっていたそうです。

子どもは楽しいことはどんどん覚えます。年齢に関係なく、興味の出たときが教えどきです。本人が楽しんでいて、「もっと」という氣持ちがあり、それだけの実力がついているなら、どんどん先へと進んでもかまいません。

姉妹のいる、ある家庭でのお話です。

小学2年生のお姉ちゃんが九九を習っている頃、年長児の妹が登園のときに姉の真似をして九九を口ずさみ始めました。

でたらめだったので、一から九の段まで正しい九九をお母さんが唱えました。覚えさせようという氣はなく、歌を聞かせるような感じで唱えたそうです。

娘さんは「さぶろく」「にさん」「ろっくごじゅうし」などといった言葉のリズムに大笑い。楽しみ、次の日も次の日も、「九九、言って」とせがんできました。

唱え始めて3日目。お母さんが買い物に出かけているときに、この娘さんが突然、一の段を完璧に唱え、事情を知らないお父さんは、びっくりしたそうです。

翌朝、お母さんが九九を唱えようとすると、娘さんが「一の段は私が言う！」と言って、唱え始めました。

他にも「ろくろくさんじゅうろく」「くくはちじゅういち」など、語呂が気に入って覚えている九九は何度も唱えていて、お母さんが「ろくろく?」と聞くと「さんじゅうろく!」と自慢げに答えるそうです。

「○年生だから、まだやっちゃダメ」という感覚は捨てましょう。

逆に、「○年生なのにまだできないの?」という偏見も捨ててください。

その子ども本人が「やりたい!」と思ったときが、ベストのタイミングなのです。

子どもによってタイミングは違います。

親の無理強いではなく、子どもが自分から興味を持つなら、そして正しく教えることができるなら、まだ授業前だからなどと言わず、どんどん教えてあげてください。

学習習慣がついていても、急には伸びない

子どもの進歩はジグザグ

親が子どもに付き合い、寄り添うことが何より大切と述べてきました。ただ氣をつけたいのが、「寄り添ったら子どもの成績は、絶対うなぎのぼりに良くなる」「すぐに成果が出る」わけではないことです。

そう思ってしまうと、最初は「子どもを良くしたい」と思って始めても、いつの間にか「子どもをこうさせたい」に変わってしまうことがあります。氣づかないうちにそうなってしまい、親はいいと思ってやっているから、修正できない。

そうなると親子ともに大変です。

親が付き合ってくれているから、子どもは前みたいに爆発も失敗もしないけれど、

自発的にやっていないから成績はいっこうに伸びない。

「一緒にやったら成績は伸びるはずなのに……」と親は焦る。「なぜ？」と思って、ますます「こうさせたい」に氣持ちが傾き、空回りしていきます。

そうなると親子ともに息苦しくなり、悲しい結果を生むことに……。

子どもの進歩はジグザグです。右肩上がりによくなっていくわけではありません。

平行線だったり、ときには後退したり……。一歩進んで二歩下がる、です。

子どもがひとつできたからと、すぐに基準を上げると「この間はできたのに、なんで今日はできないの？」となってしまいます。

だから、最初のうちは、できるようになる前の「子どものありのまま（これをニュートラルの状態とします）」をスタート地点とすること。そして、毎日そこから始めれば、昨日は「大きい声で読めた」音読が、今日は声が小さくなったとしても、「感情をこめて読めたね」とほめることができます。

ブレイクのときを氣長に待つ

毎日宿題を続けたから1日1日進化するというわけではありません。日々の変化は目に見えにくいものです。けれども着実に、その子の中では力がついています。

そして、あるとき爆発的に進化します。

子どもたちを教えていると、突然「先生、わかった！」と言ってくることがあります。**それまで積み上げてきたことが、つながったり、理解できたりして、突然わかるようになる。**

「次元が変わる」と私は言っていますが、表面的にはとくに変わった様子はなくても、「先生が今まで言ってきたことが、全部わかった（腑に落ちた）」という境地に至るのでしょう。

パラダイムシフト、パラダイムチェンジです。これは一生のうちに何度も訪れて人を成長させます。たいていの場合、このときを境に「次元が変わって」、ぐんぐん成績が伸びていきます。

「わかった！」の瞬間を待つ

頭でわかったことでも、それを自分のものにするのには時間がかかります。自分では一生懸命やっているつもりでも、前に進まないこともあります。

でも、ゆっくりと見守っていると、いつの間にか最初に思い描いていた理想の姿に近づいている。

昨日より今日、今日より明日と、成果を急がないでください。

子どもを見る基準を、毎日ニュートラルに戻す。ハードルを上げずに、常に低いハードルからスタートする。

親が長い目で見守ってくれれば、子どもは安心して力をためていきます。

授業の予習復習はするべき？

本人に余裕があるなら予習を

「学校の授業の予習復習はした方がいいのでしょうか？」ということも、親御さんからよく聞かれます。

私としては、どちらもムリにしなくていいと思っています。することが義務になってしまって、身につかないと本末転倒ですから。

興味を持った子は、こちらが何も言わなくても、先に先に新しいことを覚えようとするものです。つまり、それが予習と言えますね。

もちろん、予習復習をしてはいけないということはありません。

予習で先取りすると、余裕をもって授業に取り組めるので、学習する内容がすっと

入ってくる利点があります。ただし、親が何もせずに「予習しなさい」と言っても、何の手がかりも持たない子どもにはムリです。

読み書き計算は反復練習が効果的ですので、こういった学習をしているときは、何度も繰り返す、復習を充実させるといいですね。ただしこれも、義務的に反復練習しているうちは効果がありません。ダラダラした、課題を終わらせるだけの復習にならないように注意しましょう。

予習か復習かは、勉強の内容やお子さんに性格に合わせて必要な方を見極めて、選んでください。

大事なのは強制することではなく、子どもが自分からしたくなることなので、本人に聞いて選ばせてもいいと思います。

あらゆる教科書を音読する

予習としてオススメなのは、どんな教科でも音読することです。国語だけでなく、算数も理科も社会も、音読は有効です。ポイントは、一度でなく、何度も何度も音読すること。できれば内容を暗記するくらいまで音読します。

計算問題は得意なのに、算数の文章問題でよくつまずく子がいます。検証するとほとんどが、文章の読み間違いや勘違い。問題を読んでいるように見えて、ただ読み流しているだけなのです。文章を本当に理解しているわけではないのです。

音読と算数はまったく別物と思うかもしれませんが、こうしたもったいない間違いを防ぐためにも、教科書の音読を訓練しておくことは大切です。


まずスラスラ読めるようになるまで時間やページを区切って音読します。スラスラ読めるようになったら、「○○県の特産品は何って書いてあった?」「昆虫の触覚はどんな役目をしているの?」と、内容をお母さんが質問します。答えられなかったら、そこに注意してもう一度音読してみる。理解が深まります。

教科書の内容が100%わかると、それだけで偏差値は70になると言います。

勉強の基本は丸暗記です。暗記するくらい教科書を読めば、自然と学力は上がります。音読で勉強脳ができてくるので、理解力や応用力が高まるからです。

中学校の勉強でつまずいてしまったら

いつでも小学校に戻ってやり直す

小学生の頃はそこそこできたのに、中学生になってつまずくというのは、たびたび耳にする話です。

実はその原因は、小学生の頃の勉強にあったということがよくあります。漢字もうろ覚えのものが多かったり、音読もスラスラできなかったり……。

とくに算数は積み重ねの学問です。あまりのあるわり算がしっかりできていなかった。繰り上がりのかけ算でよく間違える。文章問題の理解力が足りない……。

土台ができていないことがほとんどです。

そんなときは小学校の問題からやり直すのが、回り道のようでいて、一番手っ取り早い。

知り合いの中学校の先生で、授業に10マス計算を取り入れた先生がいます。最初は「なんだよこの問題」とバカにしていた生徒たちでしたが、「じゃあ10秒切れるか?」と尋ねたら、ブーブー言いながら挑戦し、できないとわかったら目の色が変わってきたそうです。

そして10マス計算をやり始めてから、生徒がどんどん変わってきたと言います。計算のスピードが上がったり、精度が高くなったり、中学校の勉強に拒否反応を示していた子たちも、計算を楽しんでやるようになったそうです。

学校ではなかなか、小学生時代に戻って、という勉強はしてくれません。でも、家庭なら自分の子どもに合わせることができます。

つまずいたときには、いつでも小学生レベルに戻ってやり直しましょう。どこでつまずいたのかを見極めることができますし、**簡単なことから始めれば自信もつくので、勉強への苦手意識も減っていきます。**

迷ったら段階を戻ってやり直す。これが鉄則です。

中学校に上がっても、小学校に戻る

小学校の教科書を音読することは中学の勉強でも有効です。

国語の教科書がスラスラ読めるようになるまで、毎日音読する。小学生時代の漢字ドリルを徹底的にやって、国語力を底上げする。

やる氣になれば、あっという間に土台作りが終わります。

「こんな簡単なの、やる氣にならないよ」とバカにするなら、「じゃあ私と競争ね」「5分でできる?」と火をつけましょう。

中学生になっても、やる氣スイッチが入るようにほめて、ポジティブな言葉をかけ続けてください。

〈著者紹介〉

杉渕鐵良（すぎぶち・てつよし）

◇— 1959年東京都生まれ。青山学院大学卒業後、東京都の公立小学校教諭となる。板橋区や足立区、離島などの学校を経て、現在清瀬市立清瀬第八小学校に勤務。

◇—子どもの全力を引き出し、ひとりも落ちこぼれさせないことをモットーに行う教育実践から、「教育の鉄人」と呼ばれる。陰山英男氏をはじめ教育関係者、マスコミからも高く評価されている。
楽しい学習＝「楽習」として、「10マス計算」や「漢字パドル」など教材を次々開発。また、子どもを飽きさせないために、数分単位で授業内容を変えていく「ユニット授業」も提唱。ユニット授業研究会（略してユニプロ）を主宰し、若手教師達と切磋琢磨し合っている。

◇—著書に『子どもが授業に集中する魔法のワザ！』（学陽書房）、『全員参加の全力教室—やる氣を引き出すユニット授業』（日本標準）他多数。

自分からどんどん勉強する子になる方法

2015年 2月22日　第1刷発行
2015年 6月12日　第3刷発行

著　者———杉渕鐵良

発行者———徳留慶太郎

発行所———株式会社すばる舎

東京都豊島区東池袋3-9-7 東池袋織本ビル　〒170-0013

TEL　03-3981-8651（代表）　03-3981-0767（営業部）

振替　00140-7-116563

http://www.subarusya.jp/

印　刷———中央精版印刷株式会社

ISBN978-4-7991-0406-4